사단이
가장 싫어하는
복 음

사단이
가장 싫어하는
복 음

송철임 지음

좋은땅

누구나 신앙생활을 하는 분들은 지금 내 신앙이 바르게 가고 있는가? 하는 고민을 한 번쯤은 해 보셨을 거라 생각합니다.

성도는 이 고민 가운데 신앙을 점검하는 과정이 필요하다고 생각합니다.

이것은 내가 하나님이 원하시는 믿음을 가지고 있는지, 내가 지금 어디까지 왔는지, 아니면 잘못하고 있는 것은 없는지, 혹시 빼먹고 신앙생활하고 있는 것은 없는지, 그리고 혹시 믿음의 단계란 것이 있다면, 내 믿음은 어느 단계에 와 있는지, 또 믿음의 여정에는 어떤 과정이 있으며, 그 과정 가운데 하나님께서 우리에게 요구하시는 것은 무엇인지, 그리고 그 과정을 거쳐 왔다면 그다음은 무엇을 해야 하며 또 어떻게 해야 하는지를 알고 싶어 하실 겁니다.

마치 지도를 보면 내가 어디까지 왔으며 어디로 가야 하는지 알 수 있는 것처럼, 이 책은 갈 바를 알지 못하는 성도들에게 어떤 길로 가야만 바른길로 가며 또 어떻게 해야 하나님께서 인도하신 증거 가운데 승리의 길로 갈 수 있는지에 대한 고민을 해결해 드립니다.

우선 믿음의 선진들도 이 고민을 수없이 했을 것으로 봅니다.

그들의 신앙 여정 가운데 어떻게 하나님의 기뻐하시는 믿음을 받았으며, 그 믿음은 어떻게 더 큰 믿음으로 자라서 하나님께 영광이 되었는지 보여 드리겠습니다.

이 책은 신앙의 여정 가운데 지쳐 있는 목회자와 바른 신앙의 길을 가려는 성도들에게 하나님이 원하시는 믿음을 찾을 수 있도록 도움을 주기 위해 쓰여졌습니다.

이 책이 나오게 하신 하나님 아버지께 감사를 드리며 이 책으로 인하여 하나님의 뜻을 발견하고 기뻐할 영혼들을 사랑하시는 하나님께 영광을 올려 드립니다. 또 주님이 원하시는 믿음의 삶을 살아가길 원하시는 성도님들에게 이 책으로 인해 주님과 동행하시는 신앙의 여정이 되시기를 간절히 기도합니다.

목차

인생이 만나는
첫 번째 때, 애굽

사단의 종으로서
하나님을 알지 못하는 때

예수님을 믿고 교회생활을 하는 대부분의 사람들은 자신은 이제 세상을 의미하는 애굽이나 종살이와는 상관없고, 아직 믿지 않는 사람들에게 해당되는 말이라고 생각하실 겁니다.

그리고 자신은 하나님을 믿고 있으니 문제가 없고 다만 하나님의 말씀을 잘 모르고 기도가 좀 부족할 뿐이라고 생각하실 겁니다.

그러나 아담의 선악과 사건 이후에 이 땅에 존재하는 거듭나지 못한 모든 사람은 사단이 왕 노릇하고 있는 이 세상에서 그의 종으로 살고 있습니다.

예수를 믿어도 영으로 거듭나지 못한 사람은 자신의 의지와 상관없이 사단의 소속입니다.

사단이 가장 싫어하는 복음

아담의 범죄 이후에 인간의 영은 이미 죽어 있으므로 영혼의 아버지이시며, 만왕의 왕이신 하나님을 아는 길은 영으로 태어나는 길밖에 없습니다.

그러므로 하나님을 만나지 못하고 아직 죽은 영을 가진 사람은 세상에서 왕 노릇하는 사단의 방식과 길을 선택하며 눈에 보이는 육의 삶에 집착하게 됩니다.

교만과 탐욕의 아이콘 사단을 따르는 인간의 삶은 더 좋은 것과 더 많은 것을 갖길 원하며, 자기 이름을 내기 위해 최고의 자리를 동경하고, 육이 원하는 꿈과 계획을 이룰 수 있는 생각과 사상과 의지로 자기만의 길을 고집합니다.

예수님께서도 믿는 유대인들을 향하여 이 사실을 뒷받침하는 말씀을 하셨습니다.

> "너희는 너희 아비 마귀에게서 났으니 너희 아비의 욕심을 너희도 행하고자 하느니라 그는 처음부터 살인한 자요 진리가 그 속에 없으므로 진리에 서지 못하고 거짓을 말할 때마다 제 것으로 말하나니 이는 그가 거짓말쟁이요 거짓의 아비가 되었음이라"(요 8:44)

예수님 당시 유대인들은 자기들이 아브라함의 자손이며 남의 종이 된

적이 없으니 진리가 너희를 자유케 할 것이라는 예수님의 말씀을 이해하지 못하였습니다.

이것은 오늘날 교회 안에서 성도라는 이름으로 예배드리고, 봉사하면서도 자신이 사단의 종으로 살아가고 있다는 사실을 인식하지 못하는 거듭나지 못한 사람들과 같습니다.

이런 현상은 참빛을 경험하지 못하고 여전히 어두움 속에서 지식으로만 하나님을 믿고 있기 때문에 사단에게 매여 있는 것을 느끼지 못하고, 단지 예수 믿었으니까 자유케 되었고, 지금 죽어도 천국 간다는 자신만의 신념을 가지고 있기 때문입니다.

단순하게 예수 천당 불신 지옥이라면 교회 안에서 지옥으로 가는 사람은 단 한 사람도 없어야 합니다.

그러나 현실은 교회 안에서도 지옥으로 떨어지는 영혼이 너무도 많다는 것입니다. 그 원인은 사실상은 사단으로부터 아직 벗어나지 못했기 때문입니다.

종이 되었다는 말은 다르게 말하면 자신의 의지나 행동이나 삶 자체를 통제하는 주인이 있다는 말입니다. 성도라 할지라도 왕 노릇하는 사단에게서 벗어나지 못했다면 진짜 주인이신 하나님을 섬길 수 없습니다. 종은 자신이 원하는 대로 주인을 선택할 수 없기 때문입니다.

그렇다면 인간이 사단의 종이 될 수밖에 없었던 원인과 풀려나는 길을 알아야 합니다.

인간이 사단의 종이
될 수밖에 없었던 원인

인간이 사단의 종이 될 수밖에 없었던 원인은 곧 사단이 인간에게 왕 노릇하게 된 이유가 됩니다.

사단의 이름의 뜻은 참소자, 대적자, 거짓의 아비 외에 여러 가지가 있으나 히브리어로 직역하면 "소모하고 파괴하는 뱀은 생명을 에워싸는 자"라는 의미입니다.

이런 끔찍한 이름을 가진 자가 하나님이 창조하신 이 땅에서 세상임금으로 왕 노릇을 하게 된 원인은 이것입니다.

하나님은 창세기 2장 17절에서 아담에게 "선악을 알게 하는 나무의 열매는 먹지 말라 네가 먹는 날에는 반드시 죽으리라 하시니라"고 말씀하셨습니다.

그러나 거짓의 아비 사단은 하와에게 이렇게 말합니다.

"뱀이 여자에게 이르되 너희가 결코 죽지 아니하리라 너희가 그
것을 먹는 날에는 너희 눈이 밝아져 하나님과 같이 되어 선악을
알 줄 하나님이 아심이니라"(창 3:4-5)

에덴동산에 있었던 생명과는 먹으면 영생하는 진리의 말씀이며, 선악
과는 먹으면 하나님과 원수가 되고 죽음이 오는 사단의 거짓 신리입니
다.

그런데 아담과 하와는 선악과를 먹고 범죄함으로 하나님과 원수가 되
었고, 영의 죽음으로 더 이상 하나님과 만날 수 없게 되었습니다.

또한 누구에게 순종하든지 그 순종함을 받는 자의 종이 된다고 하신
말씀대로 아담은 사단의 말에 순종하여 선악과를 먹음으로 사단의 종
이 되었습니다.

"너희 자신을 종으로 내주어 누구에게 순종하든지 그 순종함을
받는 자의 종이 되는 줄을 너희가 알지 못하느냐 혹은 죄의 종으
로 사망에 이르고 혹은 순종의 종으로 의에 이르느니라"(롬 6:16)

아담의 불행은 여기서 끝나지 않았습니다. 하나님이 아담을 창조하실

때 하나님의 모양과 형상대로 창조하셨고 이 땅에서 감당해야 할 직임과 권세를 주셨습니다.

> "하나님이 이르시되 우리의 형상을 따라 우리의 모양대로 우리가 사람을 만들고 그들로 바다의 물고기와 하늘의 새와 가축과 온 땅과 땅에 기는 모든 것을 다스리게 하자 하시고 하나님이 자기 형상 곧 하나님의 형상대로 사람을 창조하시되 남자와 여자를 창조하시고 하나님이 그들에게 복을 주시며 하나님이 그들에게 이르시되 생육하고 번성하여 땅에 충만 하라, 땅을 정복하라, 바다의 물고기와 하늘의 새와 땅에 움직이는 모든 생물을 다스리라 하시니라"(창 1:26-28)

고린도후서 4장 4절에서 그리스도는 하나님의 형상이라고 하셨습니다. 이 말씀은 하나님이 아담과 하와를 창조하실 때 그리스도의 직임을 감당하는 자로 창조하셨다는 것입니다.

그리스도는 메시야 즉 해방과 회복을 위한 기름부음을 받은 자로서 왕과 선지자와 제사장의 직임을 받은자라는 뜻입니다. 즉 첫 사람 아담은 왕권과 선지자권과 제사장의 권세를 부여받고 창조되었으며, 그 권세로서 생육하고 번성하고 충만하며 정복하고 다스릴 직임을 받았던 것입니다.

그런데 사단의 말에 순종하여 선악과를 먹은 후에 사단의 종이 되어 아담이 가지고 있었던 모든 직임은 소멸되었고 그에 따른 권세는 사단의 것이 되었습니다.

이 모든 권세를 아담에게서 빼앗은 사단은 성도가 애굽을 벗어나서 홍해에서 새 생명을 얻고, 광야에서 하늘백성으로서 훈련을 받은 후에, 요단에서 그리스도의 영을 받고 권세가 회복되기까지 왕 노릇을 합니다.

그러므로 땅의 것을 찾는 육의 삶을 떠나서 위로부터 오는 그리스도의 영을 받은 성도에게서 사단은 심판을 받게 됩니다.

이 비밀을 깨달은 자가 믿음의 여정을 시작하여 가나안에서 비로소 사단의 머리를 깨뜨리는 하나님의 비밀병기로서의 삶으로 사단을 진멸하고 영혼을 살리며 하나님께 영광을 돌려드리게 됩니다.

예수를 믿어도 이 진리를 깨닫지 못하고 여전히 육의 형통이 우선인 삶을 살면서 영이 죽은 채로 하나님과 관계가 회복되지 못한 상태로 사는 삶을 애굽의 삶이라고 합니다.
애굽의 삶은 종살이의 삶이요, 하나님을 모르는 삶입니다. 하나님을 알지 못하는 모든 사람들은 사단의 통치를 받는 종의 삶으로서 그 목적지는 지옥입니다.

　　　　　　　　　　　사단이 가장 싫어하는 복음

그러나 똑같이 이 땅에 살아도 하나님을 인격적으로 만나고 거듭난 사람은 하나님의 통치를 받는 하나님의 나라가 되었고 자유케 되었으니 목적지는 천국입니다.

아담을 하나님의 모양과 형상으로
창조하신 이유

아담을 하나님의 모양과 형상인 그리스도가 되게 하신 이유는 이렇습니다.

우주가 창조되기 전 하늘나라 영원세계에서 하나님을 경배하던 천사장의 반역사건이 있었습니다. 이 천사는 하나님의 보좌를 탐내었고, 하나님이 받으시는 경배를 받으려는 반역으로 하늘나라에서 영원히 추방되었습니다. 이 천사의 원래 이름은 루시엘이며 쫓겨나면서 얻은 이름은 타락한 천사 사단입니다.

우주가 창조되기 전에 혼돈과 공허와 깊은 어두움뿐인 어둠의 구덩이였던 이 땅에 반역한 사단은 이미 쫓겨와 있었습니다.

그리고 창조주 하나님은 이 땅에 운행하시는 거룩하신 성령의 빛으로 들어오셔서 말씀으로 천지를 창조하시고, 인간을 창조하신 후에 권세

사단이 가장 싫어하는 복음

와 직임을 그에게 주시며 사단을 심판할 대리 심판자로 세우셨습니다.

인간에게 사단을 정복하고 다스릴 심판하는 권세로서 왕권과 선지자권과 제사장권인 하나님의 모양과 형상을 주신 것입니다.

그러나 선악과 사건으로 이 모든 권세는 사단의 것이 되었으니 심판하는 권세를 가졌던 인간은 종이 되고, 심판을 받아야 할 사단은 아담과 하와를 속이고 빼앗은 권세로서 왕 노릇을 하고 있습니다.

또한 하나님의 모양과 형상을 가진 아담이 어떻게 사단에게 그 권세를 빼앗기고 종으로 전락할 수 있는지를 알아야 하나님의 전지전능하심을 알 수 있습니다.

인간은 죄가 없는 완전한 자가 아니라 스스로 죄를 범하지는 않았지만 죄성을 가진 연약한 피조물로서 창조되었음을 선악과 먹기 전의 하와에게서 봅니다.

범죄하기 전 하와는 사단에게 유혹을 받자 곧 눈으로는 보암직하고, 입으로는 먹음직하며, 마음으로는 지혜롭게 할 만큼 탐스러움이 들어와서 먹으면 정녕 죽으리라는 하나님의 말씀을 버리고 선악과를 먹게 됩니다.

이렇게 인간은 자신의 힘으로는 죄를 이길 수 없을 만큼 연약한 존재입니다.

하나님의 죄의 원흉 사단의 심판 스토리에는 인간이 사단의 유혹에 넘어가서 죽음이 올 것과, 예수님이 죽은 인간을 살리시는 구원자로서 이 땅에 오셔서 죽어 주시고, 부활승천하시며, 구원받은 성도에게 성령을 주심으로 성도와 연합하여서 사단을 심판할 것이 계획되었다는 것입니다.

이러한 하나님의 경륜을 알지 못하는 인간이 사단의 종으로서 사는 애굽의 삶이란 인간에게 주신 하나님의 형상을 잃어버린 상태로 눈에 보이는 땅의 것에 집착하고 사는 것입니다.

또한 이 땅의 창조 목적과 자신이 이 땅에 존재하는 목적을 모르고 살면서 영으로 회복해야 할 권세와 직임이 있다는 사실을 알지 못하고 사는 삶이 하나님을 모르는 삶이며, 세상임금 사단에게 종살이 하는 삶입니다.

그러므로 하나님은 아담의 20대손 아브라함에게 찾아오셔서 사단의 종의 삶을 벗어나는 길을 알려 주셨고, 그 길은 곧 본토, 친척, 아비집을 떠나는 것입니다.

아브라함에게 명령하신 떠나야 할 본토는 창세기 15장 7~14절에서 말씀하시는 세상의 썩어질 것을 목적으로 사는 삶을 버리라는 것입니다.

하나님은 여기서 네 가지를 번 제단에 올려놓으라고 하시면서 가나안 땅을 주실 것을 약속하십니다.

번 제단의 제사는 구약에서 죄를 범한 인간이 죄를 범하게 한 사단의 모형인 짐승을 제물로 불태워 올려드리는 것입니다.

사단은 영이기 때문에 불태울 수 없으므로 사단을 상징하는 짐승의 껍질을 벗기고 각을 떠서 번 제단에 올려놓으면 하늘로부터 불이 내려와서 태워 버리는 제사였습니다.

하나님은 아브라함에게 너의 본성 안에 숨어 있는 네 가지 죄의 모형인 암소, 염소, 양, 비둘기를 번 제단에 올려놓으라고 하셨습니다.

인간의 마음을 사로잡고 영의 삶을 사는 것을 방해하는 이것들을 번 제단에 태워 버리는 것은 이스라엘 백성들이 유월절을 지킨 것과 같이 영생을 향하여 나아가는 첫 번째의 관문을 통과하는 것입니다.

인간이 본성인 본토를 떠나는 것은 인생의 방향을 완전히 육의 삶에서 영의 삶으로 바꾸는 것입니다.

이 세상에 영원히 살 것처럼 육을 위하여 살던 사람이 영원한 세계를 소망하며 영을 위하여 사는 삶으로 방향을 전환하는 것이며 사단의 종으로 살던 사람이 하나님께로 돌아가는 것입니다.

아브라함을 통하여 보여 주시는
애굽을 떠나는 믿음

"또 그에게 이르시되 나는 이 땅을 네게 주어 소유를 삼게 하려고 너를 갈대아인의 우르에서 이끌어 낸 여호와니라 그가 이르되 주 여호와여 내가 이 땅을 소유로 받을 것을 무엇으로 알리이까 여호와께서 그에게 이르시되 나를 위하여 삼 년 된 암소와 삼 년 된 암염소와 삼 년 된 숫양과 산비둘기와 집비둘기 새끼를 가져올지니라 아브람이 그 모든 것을 가져다가 그 중간을 쪼개고 그 쪼갠 것을 마주 대하여 놓고 그 새는 쪼개지 아니하였으며 솔개가 그 사체 위에 내릴 때에는 아브람이 쫓았더라 해 질 때에 아브람에게 깊은 잠이 임하고 큰 흑암과 두려움이 그에게 임하였더니 여호와께서 아브람에게 이르시되 너는 반드시 알라 네 자손이 이방에서 객이 되어 그들을 섬기겠고 그들은 사백 년 동안 네 자손을 괴롭히리니 그들이 섬기는 나라를 내가 징벌할지며 그 후에 네

자손이 큰 재물을 이끌고 나오리라"(창 15:7-14)

1) 삼 년 된 암소를 번 제단에 올려놓아라

여기서 소는 맘몬 신 을 상징하는 것이며, 세상에 존재하는 대부분의
하나님을 만나지 못한 사람들이 섬기는 물질의 신입니다.

이 땅에 현존하는 사람들의 첫 번째 우상이 바로 물질이며 돈의 위력
은 실로 대단합니다.

맘몬이란 맘모나스라고 하는 헬라어를 의인화시킨 말로서 부, 재산,
재물, 소유를 의미하는 말이며 맘몬은 돈을 섬기는 사람들의 하나님입
니다.

사람들은 돈이 있으면 세상의 모든 권력이나 명예를 누릴 수 있고 온
갖 좋은 것을 차지할 수 있고 원하는 것을 소유할 수 있다고 생각합니다.

이것은 땅에서 썩어 없어질 것을 구하는 삶이며, 하나님을 알지 못하
는 이방 사람이 구하는 삶입니다.

사단은 이렇게 눈에 보이는 것을 따르라고 하며, 하나님은 위의 것을
구하라고 하십니다.

물론 성도가 돈을 구해야 하지만 돈이 목적이 되는 삶은 이방인의 삶
이요, 애굽을 의미하는 세상의 삶으로 이곳에서는 하나님을 찾을 수가
없습니다.

성도는 하나님의 뜻을 이루는 선한 도구로서 돈을 구하며, 그것을 사
용할 때 힘 있는 영의 삶을 살 수 있습니다.

"부하려 하는 자들은 시험과 올무와 여러 가지 어리석고 해로운 욕심에 떨어지나니 곧 사람으로 파멸과 멸망에 빠지게 하는 것이라 돈을 사랑함이 일만 악의 뿌리가 되나니 이것을 탐내는 자들은 미혹을 받아 믿음에서 떠나 많은 근심으로써 자기를 찔렀도다"(딤전 6:9-10)

아브라함의 아버지 데라는 선민의 뿌리 아담의 19대손으로서 믿음의 명맥을 이어 오는 가문의 사람입니다.

그런데 그의 직업이 우상장사였습니다. 이것은 믿음과 삶의 모습이 달랐다는 증거이며, 하나님은 물질이 주인 된 삶의 자리에 있는 아브라함을 부르시고, 그곳에서 떠날 것을 요구하시며 믿음의 조상이 되게 하셨습니다.

2) 삼 년 된 암염소를 번 제단에 올려놓아라

염소는 높은 곳을 좋아하고 꼭대기에 우뚝 서기를 좋아해서 자기가 그 자리에 서지 않고 다른 것이 그곳에 서는 것을 인정하지 못합니다.

성도에게 자기만 최고의 자리를 고집하는 자기신격화하는 자리에서 내려오라는 것입니다.

염소는 최고의 자리를 다른 동료에게 내어주는 것을 거부하는 동물이기 때문에 경쟁의 대상이 있으면 죽을 때까지 싸우고 피투성이가 되도록 상대방을 공격하는 동물입니다.

하나님은 너희가 약자를 짓밟고 약자 위에 군림하려는 악한 마음을 내려놓으라고 말씀하시는 것입니다.

잠시 누릴 아침 안개 같은 자신의 명예를 위한 삶을 내려놓고, 영원하신 하나님의 이름을 높이는 것이 하나님이 없는 본토, 친척, 아비집을 떠나는 것입니다.

> "너희 중에는 그렇지 않아야 하나니 너희 중에 누구든지 크고자 하는 자는 너희를 섬기는 자가 되고 너희 중에 누구든지 으뜸이 되고자 하는 자는 너희의 종이 되어야 하리라 인자가 온 것은 섬김을 받으려 함이 아니라 도리어 섬기려 하고 자기 목숨을 많은 사람의 대속 물로 주려 함이니라"(마 20:26-28)

땅에 사는 성도는 자기 이름을 위하여 사는 존재가 아닙니다. 오직 하나님의 이름을 드러내고 그의 영광을 위하여 사는 여호와의 증인들이며, 이 일을 위해서 구원하셨고 성령을 주셨습니다.

> "내 이름으로 불려지는 모든 자 곧 내가 내 영광을 위하여 창조한 자를 오게 하라 그를 내가 지었고 그를 내가 만들었느니라"(사 43:7)

성도가 하나님이 허락하지 않으시는 자리를 인간적인 힘으로 빼앗고 군림하는 것은 타락한 천사인 사단과 같은 심판의 대상이 되는 것입니다.

3) 삼 년 된 숫양을 번 제단에 올려놓아라

양은 교만과 탐욕의 동물입니다. 껍데기는 흰털로 감싸고 있지만 속에는 죄의 원흉 사단과 같이 교만과 탐욕으로 가득 차 있는 동물입니다.

양의 뿔은 뱀이 똬리를 틀고 있는 것처럼 생겼는데 이것은 꺾어진 사단의 교만을 상징하고, 양의 털은 만족을 모르고 자라는 탐욕을 상징합니다.

모든 짐승들의 털은 어느 정도 자라면 멈추는 데 비해 양의 털은 깎아주지 않으면 자기의 무게를 이기지 못하고 넘어져서 죽을 때까지 계속해서 자랍니다.

사람의 교만도 하늘 높은 줄 모르고 치솟아 오르고 탐욕 또한 끝이 없는 이유는 범죄 이후 인간의 본성 자체가 사단으로부터 왔기 때문이며, 사단의 특성을 그대로 가지고 있기 때문입니다.

성도가 예수를 믿고 성령을 받으면 그 안에 자리 잡고 있던 교만과 탐욕이 사라지게 되며 이것이 말씀에 길들여진 온유이며 겸손한 모습입니다.

성도는 예수님이 어디로 이끄시든지 아멘으로 순종하여 따르는 자이며, 자기의 길을 고집하지 않는 자입니다.

"이 사람들은 여자와 더불어 더럽히지 아니하고 순결한 자라 어

린 양이 어디로 인도하든지 따라가는 자며 사람 가운데에서 속량
함을 받아 처음 익은 열매로 하나님과 어린 양에게 속한 자들이
니 그 입에 거짓말이 없고 흠이 없는 자들이더이다"(계 14:4-5)

성도 안에 있는 자기의 길을 고집하는 교만과 탐욕의 뿌리를 뽑아 버
리고, 번 제단의 하늘로부터 내려온 불로써 태워져야만 주님만 따르는
양이 됩니다.

4) 산비둘기와 집비둘기를 번 제단에 올려놓아라

비둘기의 한 면은 평화를 상징하지만, 숨어 있는 또 다른 면은 자기연
민, 자기설움, 상처, 자기생각이나 감정에 사로잡혀 사는 것과 자기기
준, 자기의 틀, 율법, 종교의 영을 상징합니다.

비둘기를 번 제단에 올려놓으라는 말씀은 속으로는 자기연민으로 온
갖 상처를 다 끌어 앉고 있는 모습에서 절대로 스스로를 깨고 나올 수
없는 자기만의 틀을 버리라는 것입니다.
번 제단에 올려놓아야 하는 비둘기는 율법이나 종교의 영에 묶여서
기쁨과 자유가 없는 외형에 집중하는 것입니다.

하나님은 중심을 보시는 분이십니다. 우리가 율법이나 종교의 영에
묶여서 자유함이 없이 신앙생활을 한다면 마음속에는 더 큰 상처와 외

로움과 공허함이 남을 것이고 드러내지 않는 상처는 도리어 사람들에게 상처를 줄 수 있습니다.

자기의 감정에 치우쳐서 자기만의 틀을 가지고 염려 근심하고 하나님의 역사와 음성을 듣지 못하게 하는 모든 것을 회개하는 것이 비둘기를 번 제단에 올려놓는 것입니다.

성도는 은밀하게 숨겨진 마음의 숨은 것을 회개하고 용서받음으로써 하나님의 약속하신 천국을 이 땅에서부터 누리는 자들입니다.

세상 사람들은 사람의 본성은 결단코 변하지 않는다고 말합니다.

하지만 우리 영혼의 아버지이신 하나님은 사단으로부터 나온 본성을 떠나지 않으면 하나님의 축복도 영생도 누리지 못한다고 하십니다.

천국 못 간다는 것입니다. 평생 예수 믿고 천국을 못 간다면 그보다 불행한 일은 없을 것입니다.

우리가 거듭나기 위해서는 1차적으로 사단으로부터 왔던 본성이 하늘로부터 내려온 번 제단 불에 태워지고 거룩한 본성으로 바뀌어져야만 됩니다.

죄의 본성에 이끌려서 수고하고 무거운 죄의 짐을 지고 살았던 옛사람이 예수님과 멍에를 같이 멜 때 온유와 겸손의 길을 갈 수 있습니다.

성도라 할지라도 자신의 현재의 위치를 분별하여서 하나님이 이 땅에 보내 주신 목적과 직임을 회복하는 자리로 나와야 합니다.

세상임금 사단의 손아귀에서 벗어나는 것은 돈의 종이 되고, 명예의 종이 되고, 자신이 품은 꿈의 종이 되고, 어두운 감정의 종이 된 자리에서 회개하는 것입니다.

성도가 세상인 애굽을 떠나고 종의 자리 하나님을 알지 못하는 자리에서 벗어나려고 하면 사단은 여러 가지로 방해합니다.

구약시대 애굽의 바로는 이스라엘 백성들이 애굽을 탈출하려고 할 때 더욱 무거운 짐을 지워 백성들을 괴롭게 하였습니다.

성도가 이전보다 하나님을 더 사랑하고 잘 믿어 보려고 하는 데 더 많은 어려움이 올 수 있다는 것입니다.

사단이 이렇게 하는 것은 우리 믿는 자들을 두려워하기 때문입니다. 사단은 우리가 하나님의 뜻과 계획을 알고 섬기는 것을 두려워합니다.

"그가 그 백성에게 이르되 이 백성 이스라엘 자손이 우리보다 많고 강하도다 자, 우리가 그들에게 대하여 지혜롭게 하자 두렵건대 그들이 더 많게 되면 전쟁이 일어날 때에 우리 대적과 합하여 우리와 싸우고 이 땅에서 나갈까 하노라 하고 감독들을 그들 위에 세우고 그들에게 무거운 짐을 지워 괴롭게 하여 그들에게 바로를 위하여 국고성 비돔과 라암셋을 건축하게 하니라"(출 1:9-11)

사단은 하나님의 백성이 자신의 머리를 깨뜨리는 하늘의 군대가 되고, 자신이 성도의 발밑에서 그 머리가 가루가 될 것을 알고 있습니다.

그러므로 사단은 자기의 이름이 거짓의 아비이며 죄의 원흉이고 가짜 왕이라는 사실을 성도들이 아는 것을 가장 두려워합니다.

그 진실이 드러나는 순간에 모든 인간들이 그들의 영혼의 아버지이시며 창조주이신 하나님께로 돌아가 버릴 것이기 때문에 온갖 회유와 당근을 주면서 사람들이 하나님께로 돌아가지 못하도록 막는 것입니다.

하나님이 계속해서 바로의 목을 조여 오니까 그래 너희 하나님을 섬겨라 그런데 조건은 애굽 땅 안에서 섬기라고 합니다.

다음으로는 애굽에서 멀리 가지 말고 섬기라고 합니다.

또 어린아이들은 남겨두고 남자들만 가서 섬기라고 합니다.

최종적으로는 제사드릴 제물인 짐승들을 남겨 두고 가서 섬기라고 합니다.

이 말에 모세는 이렇게 대답합니다.

"모세가 이르되 왕이라도 우리 하나님 여호와께 드릴 제사와 번제물을 우리에게 주어야 하겠고 우리의 가축도 우리와 함께 가고 한 마리도 남길 수 없으니 이는 우리가 그 중에서 가져다가 우리 하나님 여호와를 섬길 것임이며 또 우리가 거기 이르기까지는 어떤 것으로 여호와를 섬길는지 알지 못함이니이다"(출 10:25-26)

사단은 바로처럼 성도들에게 너희 하나님께 예배는 드려도 된다고 합니다.

그러나 예배는 드리되 죄짓는 자리에서 예배드리고, 저주의 자리에서 예배드리고, 사망 당할 자리에서 떠나지 말고 예배드리고, 옛날 방식 그대로 살면서 회개하지 말고 형식적인 예배를 드리라 합니다.

의식주 때문에 마음이 빼앗기고, 자기 명예나 비전, 환경을 핑곗거리로 삼아서 하나님이 원하시는 온전히 헌신하는 예배는 드리지 말라는 것입니다.

예배는 드리되 다시 죄악의 자리, 저주가 있고 사망이 있는 그 자리로 돌아오라는 것입니다.

즉 인격과 삶의 변화는 받지 말고 자신의 필요만을 위한 하나님을 믿으라는 것입니다.

사단은 성도의 형식적인 예배를 결코 두려워하지 않습니다.

신령과 진정으로 드려지지 않는 예배에는 하나님이 임재하시지 않으신다는 사실을 사단은 알고 있기 때문입니다.

예배드리는 것도 중요하지만 사단이 두려워하지 않는 예배, 곧 형식에 치우치고 외식적인 예배를 드리지 말아야 합니다.

모세는 애굽의 바로 왕과 이스라엘 백성의 사이가 사흘 길만큼 떨어져서 하나님을 섬길 것이라고 하였습니다.

"우리가 사흘길쯤 광야로 들어가서 우리 하나님 여호와께 제사
를 드리되 우리에게 명령하시는 대로 하려 하나이다"(출 8:27)

사흘 길은 사망과 생명의 사이입니다. 인간이 본토인 사단으로부터
받은 육체의 본성을 떠나 새로운 생명을 주시는 부활하신 주님을 만나
는 거리는 죽음을 깨뜨리고 살아나신 사흘 길입니다.

이스라엘 백성들과 같이 모든 사람과 모든 소유물까지도 하나님께로
향하는 예배의 길이 열려서 오직 하나님 한 분만을 예배하는 백성으로
서 있는 것이 생명의 길에 서는 것입니다.

우리가 애굽을 떠나는 것은 하나님의 모양과 형상을 잃어버리고 살았
던 사실을 깨닫고 그것을 회복하기 위해서 영의 삶으로 돌아가는 것입
니다.

또한 죽었던 영이 살아나고 하나님을 인격적으로 만나는 것이 사단의
종살이에서 벗어나는 길이며 하나님을 아는 것입니다.

예수를 믿는 모든 사람은 기필코 개인적인 출애굽을 경험해야 합니
다.

사단이 가장 싫어하는 복음

❖ 애굽에서 출발할 때 드리는 기도 ❖

살아 계신 하나님 아버지 감사를 드립니다.

제가 하나님을 알지 못하여서 사단의 길에 섰고 사단을 따라서 모든 죄와 허물 속에 빠져 있었던 죄를 회개합니다, 용서하여 주옵소서.

지금까지의 모든 삶을 버리고 생명이시며 빛이신 주 예수 그리스도를 영접하고 섬기는 삶을 살기로 작정하고 주님께 저의 삶을 드립니다.

믿음의 조상 아브라함에게 명령하신 말씀을 따라서 저도 본토 친척 아비 집을 떠남으로 하나님께서 지시하신 은혜와 진리가 살아 있는 가나안으로 가기를 원합니다.

특히 저와 조상들이 우상숭배한 죄로 제 인생에서 가시와 엉겅퀴가 나고 땅에서 피 흘린 죄로 인하여서 땅이 저주받게 한 죄를 십자가에 못 박아 버립니다. 용서하여 주시옵소서.

이제부터 하나님 한 분만을 사랑하며 따르기를 원합니다. 저의 발걸음을 지키시고 보호하여 주시옵소서.

감사를 드리며 다시 오실 나사렛 예수 그리스도의 이름으로 기도드립니다.

아멘

인생이 만나는
첫 번째 강, 홍해

사단에게는 무덤이요,
인간에게는 새 생명의 강

홍해는 피의 강, 십자가

홍해는 십자가의 능력이 완성되는 하나님의 모사가 숨겨져 있는 강입니다.

홍해는 사단과 그 죄에 대한 심판으로 원수를 멸하시는 하나님의 진리가 충만한 강이며, 사단으로부터 돌아와 하나님께로 나온 자에게 구원을 주시는 긍휼과 은혜가 충만한 강입니다.

홍해는 예수님을 구세주로 영접한 성도가 종의 길에서 벗어나서 하나님을 인격적으로 만나는 새 생명을 얻는 강이며, 성도는 이 경험을 통하여 육의 삶에서 영의 삶으로 삶의 방향을 돌이키게 됩니다.

홍해에서 십자가의 특별한 사랑과 구원으로 하나님의 자녀가 되었다는 자신의 정체성을 알게 되고 더 이상 사단이 유혹하는 죄와 허물 속에

사단이 가장 싫어하는 복음

빠진 삶으로 돌아가는 것을 단호히 거부하며 하나님을 사랑하는 삶을 시작하게 됩니다.

여기서 경험하는 하나님의 사랑이 첫사랑이며, 사망에서 생명으로, 어두움에서 빛으로, 사단의 종 노릇하던 자가 하나님의 자녀로서 자유를 누리는 거듭난 자가 됩니다. 비로소 죽었던 영이 예수님의 십자가의 피로 새 생명을 얻었다는 것입니다.

성도가 거짓 없이 하나님을 예배하고 섬기며, 하나님의 뜻을 위해 자신을 드리는 신앙생활은 여기서부터 시작하게 됩니다.
성도라면 누구나가 올바른 신앙의 삶을 살기를 원합니다. 그러나 영으로 태어나지 못하면 교회를 다녀도 영은 죽어 있는 상태이므로 사실은 하나님을 모르는 것입니다.

그래서 성도는 신앙생활에서 반드시 통과해야 하는 관문이 십자가에서 사단의 종살이 하던 죄를 회개하고, 예수님의 피를 통해서 영생하는 새 생명을 얻어야 하나님을 지식이 아닌 가슴으로 알게 됩니다.
사단의 종이 하나님의 자녀가 되는 것이 단순하게 예수님을 믿는다고 고백하고 영접기도했다고 되는 것이 아니라는 것입니다.
아직 거듭나지 못하고 지식으로 교회생활을 하고 있는 것은 어머니 배 속에 있는 태아와 같습니다. 사실상 태신자라는 것입니다.
아이 밴 자에게 화가 있다는 말씀은 교회 안에서 영의 사람으로 거듭나게 하지 못한 교회가 화가 있다는 말씀입니다.

배 속의 아기는 탯줄을 통하여 어머니와 연결된 탯줄로 영양분을 공급 받고 있지만 생명을 가진 사람으로서 인격적인 어떤 것도 할 수 없는 것과 같습니다.

이것은 교회에 다닌다고 해서 다 거듭난 자가 아니라는 것을 말하는 것입니다.

많은 사람이 자신의 거듭남에 대하여 잘 알지 못하고 있습니다. 예수님과 니고데모의 이야기에서 보듯이 거듭남 자체를 모를 수도 있지만, 거듭난 사람의 삶은 거듭났다는 사실을 증명하게 됩니다.

마치 바람의 방향은 알 수 없지만 불어오는 바람을 통하여 시원함을 느끼는 것처럼 말입니다.

아직 거듭남을 알지 못하고 이 책을 읽는 분들이 계신다면, 거듭남의 전후 삶을 비교해 보시고 거듭난 자의 삶을 살게 되시기를 바랍니다.

홍해가 사단에게는 무덤이 되고, 성도에게는 새 생명을 얻는 강이라는 사실을 깨닫게 되는 원리는 이렇습니다.

구약에서 이스라엘 백성이 하나님 앞에 번제를 드릴 때 짐승을 끌고 와서 자기의 죄를 대신해서 죽는 짐승의 머리에 손을 얹고 죄를 전가시키는 안수를 한 후에 제사장은 죄를 전가받은 그 짐승을 죽여서 번제로 드렸습니다.

이렇게 죄를 범하게 했던 사단의 모형인 짐승을 죽이는 것이 죄를 용서받는 것이었으며, 하나님은 그 짐승이 타는 냄새를 흠향하시고 백성의 죄를 용서해 주셨습니다.

신약에서 성도들이 십자가에 나와서 죄를 회개를 하면 예수님은 성도의 죄를 죄의 원흉인 사단의 머리에 전가시키고 죄를 범하게 했던 사단을 심판하시는 것입니다.

이렇게 할 때 죄로서 사단과 결속되어 있었던 고리는 끊어지고 십자가에서 흘리신 예수님의 피로서 성도의 죄는 씻김받고 자유케 되는 것입니다.

성도가 사단의 종살이에서 벗어나며, 십자가의 피로 새 생명을 얻고 거듭난 삶을 살기 위해서 회개해야 할 죄는 크게 세 가지입니다.

1) 하나님을 몰랐던 죄를 회개해야 함

이 땅에 사는 사람들의 죄 중에서 가장 크고 우선되는 죄는 하나님을 모르는 것입니다.

성도라 할지라도 하나님을 알지 못하는 사람은 아직 거듭나지 못한 사람이며, 영으로 태어나지 못한 사람입니다.

단순하게 하나님의 이름을 모른다는 것이 아니라 우리 영혼의 아버지이신 하나님의 뜻과 계획을 모른다는 것입니다.

땅에 사는 성도는 하늘나라 영원세계에서부터 왔으며, 하나님의 부름을 받고 다시 돌아갈 곳도 본향인 하늘나라 천국입니다.

성도가 이 땅에 육으로서 존재하는 이유는 하나님을 반역한 사단의 죄를 심판하라는 대리 심판자로서 임무를 받았기 때문입니다.

하나님이 성도에게 대리 심판자라는 직임을 감당하도록 주신 것은 왕권과, 선지자권과, 제사장권으로서, 이것은 하나님의 모양과 형상이라는 권세와 능력이며, 그리스도의 영이라고도 합니다.

이 권세와 능력으로 하나님이 주신 직임을 감당하는 것은 교회 안에서 직분을 감당하는 것을 넘어서, 세상 속의 삶의 자리에서 어느 자리, 어느 위치, 어떤 상황에 속하였든지 어둠을 깨뜨리는 영적 전쟁의 삶을 살라는 것입니다.

영적 전쟁을 할 수 있는 그리스도의 영이 임함은 세상 죄를 십자가에서 회개하고, 예수님의 피로 새 생명을 얻은 후에, 광야학교를 거쳐 요단에서 자아가 죽을 때 그리스도로 기름부음을 받습니다.

즉 사단의 종살이 하던 자가 죄에서 떠나고 하나님의 자녀로서 양육된 후에 진리의 영이 성도 안에 임마누엘 하시는 것을 그리스도께서 사시는 것이라고 말하며, 그리스도께서 성도 안에서 일하시도록 자신을 내어드리는 삶을 기름부음 받은 자의 삶이라고 하는 것입니다.

그리스도의 영이 임재하신 성도가 원수를 멸하는 용사로서 사단이 가짜이며, 거짓의 아비이고, 죄의 원흉이라는 사실을 증거 하는 증인의 삶을 살 때 영혼을 어둠에서 빛으로 인도하는 자가 됩니다.

이렇게 회복된 성도가 되어야 그를 이 땅에 보내시고, 구원하시며, 성령을 선물로 주신 하나님의 목적을 이룰 수 있게 되고, 하나님의 뜻이 그를 통하여 이루어짐으로 하나님은 영광을 받으십니다.

성도는 땅에 사는 동안 육의 필요도 구해야 하지만 그 구하는 궁극적인 목적은 하나님의 보내신 뜻을 이루기 위해서 필요한 것을 구해야 합니다.

이러한 하나님의 뜻과 계획을 알지 못한 죄를 십자가 밑에 나와서 회개하며, 예수님의 흘리신 피로 씻음 받고, 그 삶을 돌이킬 때 영이 살아나는 새 생명을 경험하게 됩니다.
영의 초점이 하나님이 주신 직임을 감당하는 자로 살기 위한 깨어 있음이 거듭난 자의 삶입니다.

2) 마음으로 악을 행한 죄를 회개해야 함

십자가에 못 박고 홍해강에 영원히 묻어야 할 성도의 두 번째로 회개할 죄는 마음에 품은 악과 그것을 행한 죄입니다.

성도가 마땅히 품어야 하는 마음은 위로 하나님을 사랑하고, 아래로 영혼을 사랑하는 마음입니다.

그리고 우리 아버지 예수님을 십자가에 못 박고, 우리의 영혼을 지옥으로 끌고 가려던 사단의 어떤 유혹도 받아들이지 말고, 적개심을 가지고 그 머리에서 나온 거짓말을 깨뜨려야 합니다.

성도가 마음에 악을 품고 사는 이유는 하나님을 마음에 두기 싫어하는 상실한 마음 때문이라고 로마서 1장 28절로 31절에서 정의하고 있습니다.

성도의 마음에 하나님의 뜻과 계획을 품지 못하고 살 때, 그 마음에 사단이 들어오고 사단처럼 살게 됩니다.

성경에는 사단처럼 살다가 하나님의 심판을 받은 세 명의 왕이 있습니다. 이 왕들은 사단의 반역의 모습을 우리들이 이해하도록 그대로 보여 줍니다.

이 세 왕은 바로 왕과, 느브갓네살 왕과, 두로 왕입니다.

이들은 모두 마음에 품은 탐욕과, 자기를 높이는 교만과, 하나님의 영광보다 자기의 영광을 위하여 자기의 길을 고집하는 반역으로 하나님의 심판을 받고 죽임을 당했습니다.

① 바로 왕 = 탐욕으로 하나님의 백성들을 어떻게 압제했는가
　　를 보여 준 사단의 모형

② 느브갓네살 왕= 자기를 어떻게 신격화했는가를 보여 주는
   사단의 모형

③ 두로 왕 = 자기의 길을 고집하는 교만으로 하나님을 반역한
   사단의 최후가 어떻게 되며 왜 심판을 받아야만 했는가를 보
   여 준 사단의 모형

성도가 홍해강에다가 영원히 묻어 버려야 할 죄는 세상 것에 대한 탐
욕과, 자기를 높이는 교만과 자기의 길을 고집하는 세상으로 돌아가려
는 자아라는 마음입니다.

마음에 하나님의 뜻과 계획을 품지 않고 상실한 마음으로 사는 사람
의 특징은 예수님을 믿어도 이전의 삶과 똑같이 나타납니다.

"곧 모든 불의, 추악, 탐욕, 악의가 가득한 자요 시기, 살인, 분쟁, 사기,
악독이 가득한 자요 수군수군하는 자요, 비방하는 자요 하나님께서 미
워하시는 자요 능욕하는 자요 교만한 자요 자랑하는 자요 악을 도모하
는 자요 부모를 거역하는 자요, 우매한 자요 배약하는 자요 무정한 자요
무자비한 자"(롬 1:29-31)라고 하셨습니다.

이 같은 일을 행하는 자는 사형에 해당한다고 하나님께서 정하셨습니
다.

한평생 예수 믿고도 사형당할 이 죄 속에서 빠져나오는 길은 마음속에 마땅히 품어야 할 하나님과 성도를 향한 사랑과, 죄로 유혹하는 사단에 대한 적개심을 가지는 것입니다.

성도가 품고 살아야 하는 이 마음을 잃어버린 것이 하나님을 마음에 두기 싫어하는 마음이요, 상실한 마음대로 내어버려 둠을 받은 것이며, 마음으로 악을 행한 것입니다.

그러므로 십자가 앞에 나와서 마음속에 품어야 하는 하나님과 영혼을 향한 사랑이 없는 것을 회개하고 돌이켜야 합니다.

마음에서부터 샘솟는 사랑이 없이 드리는 예배, 봉사, 헌금, 기도는 땅에 떨어집니다. 하나님이 받으시지 않는다는 것입니다.

성도의 심장이 뛰고 있는 동안에 품어야 하는 마음은 하나님과 영혼을 향한 불같이 뜨거운 사랑이며, 사단을 향한 그 머리를 깨뜨리기를 원하는 적개심입니다.

두 가지의 이 마음이 분명할 때, 마음에서 악이 끊어지며 영생하는 새 생명을 얻게 됩니다.

3) 육체의 소욕대로 사는 죄를 회개해야 함(갈 5:16-21)

성도가 육체의 소욕대로 산다는 것은 아직 거듭나지 못한 상태를 적나라하게 드러내는 것이며, 거듭났다 할지라도 믿음에 문제가 발생했을 때의 상태를 말합니다.

거듭나지 못한 성도는 영을 알지 못하기 때문에 성령의 소욕에 순종하여 그 열매를 맺을 수 없습니다.

혹시 거듭났다 할지라도 영이 자라지 못하여서 약한 상태이든지, 상처로 인하여 영이 병이 들었기 때문에 영의 기능이 멈추어 버린 상태에는 육체의 소욕대로 살게 됩니다.

육체의 소욕으로 살아갈 때 나타나는 세 가지 현상은 이렇습니다.

① 자기 자신에 대하여
육체의 쾌락을 좇음으로 음행, 더러운 것(동성애, 수간 등), 술 취함, 방탕함으로 자신을 더럽히는 삶

② 하나님에 대하여
우상숭배로 영이신 하나님을 싫어하니 하나님의 생명 안에 머물지 못하는 삶

③ 이웃에 대하여
주술과 원수 맺는 것과 분쟁과 시기와 분냄과 당 짓는 것과 분열함과 이단과 투기로 공동체를 무너뜨림

이런 상태에 머물러 있는 자들은 하나님의 나라를 유업으로 받지 못

한다고 하셨습니다. 천국의 본향 집으로 못 들어간다는 것입니다.

하늘나라를 유업으로 받기를 원한다면 성령이 원하는 소원을 알고 육체를 쳐서 복종시키고 성령의 열매를 맺어야 합니다.

"오직 성령의 열매는 사랑과 희락과 화평과 오래 참음과 자비와 양선과 충성과 온유와 절제니 이같은 것을 금지할 법이 없느니라"(갈 5:22-23)

우리가 우리의 죄를 하나님 앞에서 회개했다면 구약의 번 제단에서 제물이 제주대신 불타서 죽고 연기가 되어 날아가 버린 것처럼 깨끗케 되었음을 믿으시기 바랍니다.

성도가 예수님의 이름으로 회개한 죄는 십자가에서 죄를 범하게 했던 사단의 머리로 돌아갔고, 사단은 심판받았으며, 예수님의 피로써 자신은 깨끗케 되었음을 인정하고 믿는 것이 홍해를 건너는 것이며 곧 새 생명을 얻는 것입니다.

하나님은 성도에게 이 믿음을 주시기 위하여 이스라엘 백성들을 추격하던 바로와 그 군대를 홍해강에 영원히 수장시켜 버리고 다시는 보지 못하게 하셨습니다.

이 믿음이 없으면 사단은 계속해서 너는 아직 죄인이라고 거짓말로 괴롭히고 죄의식에 빠져서 실망하며 살게 만들 것입니다.

그러면 여기서 십자가의 피로 하신 일을 알아봐야겠습니다.

모세가 세운 놋 뱀 장대와
예수님이 지신 십자가의 의미

모세가 이끄는 출애굽의 1세대들이 광야를 통과할 때 광야의 험악한 길로 인하여서 백성들의 마음이 상하여서 원망하다가 불 뱀에 물려 죽는 사건이 일어났습니다.

죽어 가는 백성들 앞에 서 있는 모세에게 하나님이 놋 뱀 장대를 만들어 세우라고 하신 것에는 십자가의 비밀이 숨겨져 있습니다.

죽어 가는 자라 할지라도 그것을 바라보면 살려 주신다는 말씀을 믿고 순종하는 백성들을 살리시는 하나님의 사랑이 담겨 있습니다.

또한 백성들이 원망하고 불평하도록 미혹한 사단을 상징하는 불 뱀은 장대에 높이 달아서 죽이기 위한 심판을 보여 줍니다.

사단의 거짓말에 속아서 범죄한 사람들은 살리고, 범죄하게 만든 죄의 원흉 사단은 심판받는 장소가 십자가입니다.

그리고 사단은 심판을 받았고, 사단과 죄로 묶여 있던 영혼은 분리가 되었으며, 영혼은 새 생명으로 태어났다는 것을 증거 하는 장소가 홍해 입니다.

"백성이 호르 산에서 출발하여 홍해 길을 따라 에돔 땅을 우회하려 하였다가 길로 말미암아 백성의 마음이 상하니라 백성이 하나님과 모세를 향하여 원망하되 어찌하여 우리를 애굽에서 인도해 내어 이 광야에서 죽게 하는가 이 곳에는 먹을 것도 없고 물도 없도다 우리 마음이 이 하찮은 음식을 싫어하노라 하매 여호와께서 불 뱀들을 백성 중에 보내어 백성을 물게 하시므로 이스라엘 백성 중에 죽은 자가 많은지라 백성이 모세에게 이르러 말하되 우리가 여호와와 당신을 향하여 원망함으로 범죄 하였사오니 여호와께 기도하여 이 뱀들을 우리에게서 떠나게 하소서 모세가 백성을 위하여 기도하매 여호와께서 모세에게 이르시되 불 뱀을 만들어 장대 위에 매달아라 물린 자마다 그것을 보면 살리라 모세가 놋 뱀을 만들어 장대 위에 다니 뱀에게 물린 자가 놋 뱀을 쳐다본즉 모두 살더라"(민 21:4-9)

광야의 놋 뱀 사건은 불 뱀에 물려서 죽어 가던 사람도 하나님의 말씀대로 놋 뱀을 쳐다보니까 살아나는 은혜의 측면이고, 또 다른 의미는 진리의 측면으로서 물어서 죽인 불 뱀은 반드시 저주와 심판을 당한다는 것입니다.

사단이 가장 싫어하는 복음

예수님이 지신 십자가에도 은혜와 진리의 양면이 숨겨져 있습니다.

사단과 연합하였고 사단의 길에 섰던 자들이라 할지라도 십자가의 구원과 능력을 믿고 나오면, 영원한 형벌과 저주에서 값없이 건짐받는 것이 구원의 십자가요, 은혜의 십자가입니다.

반면에 고의적인 범죄자인 사단과 그 죄를 심판하는 진리의 십자가로서, 죄의 삯은 사망이라고 하신 말씀대로 사단이 저지른 죄의 값을 치르는 심판의 십자가입니다.

놋 뱀 장대와 십자가는 사단에게 내린 심판의 천명으로서 "내게 범죄하여 저주받은 이 존재를 보라"고 하시는 하나님의 무서운 심판과 진노를 보여 주는 진리의 의미입니다.

또한 인간에게 베푸신 한없는 사랑과 용서로서 "너희가 나에게 범죄하였을지라도 내가 열어 놓은 이 구원의 길을 믿음으로 받아들이면 살리라"는 하나님의 긍휼과 구원을 나타내시는 은혜의 의미가 있습니다.

모세가 세운 놋 뱀 장대와, 예수님이 지신 십자가는 분명한 두 길을 보여 줍니다. 심판과 구원, 사망과 생명, 이 두 길은 십자가에서 사단과 인간에게 열어 놓은 길입니다.

십자가와 홍해는 죄의 사람이 의의 사람이 되는 곳입니다.

홍해는 죽었던 영이 새 생명으로 살아나서 하나님이 자신을 이 땅에 보내신 뜻과 계획을 알게 하시는 곳입니다.

마음에 악을 품고 행하며 살던 사람이 사랑과 긍휼로 살게 하시며, 사단을 단호하게 거절할 수 있는 담대한 마음으로 무장되게 하는 곳입니다.

성령님께서 소원하시는 열매를 맺으며 자신이 거듭난 그리스도인이며, 하나님의 자녀라는 것을 그 열매로 증명하면서 살게 되는 곳이 홍해입니다.

아직 사단의 길에서 머뭇거리는 분이 있다면 구원과 새 생명을 주시는 하나님의 사랑의 길로 돌아오는 은혜를 경험하시기 바랍니다.

사단이 가장 싫어하는 복음

십자가의 죽음과
새 생명을 얻는 신앙

십자가는 죄와 사망을 생명과 성령으로 바꾸는 곳입니다.

죄의 삯은 사망이라는 말씀이 열매를 맺기 위해서는 십자가에서 죄를 범한 존재는 반드시 죽어야 합니다.

죄를 범한 인간이 죽어야 하는 그 자리에서 예수님이 대신 모든 죄를 지시고 죽으신 곳이 피의 강, 홍해, 십자가입니다.

하나님이 십자가에서 죄를 심판하실 때 죄가 어디에서부터 시작되었는지를 먼저 다루시고 이 땅에 모든 죄는 사단으로부터 시작되었으므로 사단은 죄의 원흉으로 심판을 받습니다.

그리고 인간은 연약해서 사단의 유혹에 넘어간 공범으로서 심판을 받습니다.

그러나 죄를 범한 인간이 십자가 밑에 나아가 죄를 회개하면 예수님은 먼저 그 죄를 범하게 한 주범인 사단의 머리로 죄를 돌리시고 심판하시며, 공범자 인간의 죄는 예수님이 담당하시고 대속해 주심으로 심판이 완성됩니다.

십자가의 죽음으로 죄의 심판이 완성되면 죄로 묶였던 관계도 끊어지고 사단과 인간은 분리되며, 죄와 사단으로부터 인간은 완전히 자유롭게 됩니다.

십자가를 통하여 사단과의 결속이 끊어지고 사망에서 벗어나지 않으면 사단과 함께 유황불 속에 들어가는 영원한 형벌의 장소인 지옥으로 떨어지게 됩니다.

또한 예수님이 인간의 죄를 대신 지시고 죽어 주신 그 피 값으로 인간은 하나님의 양자가 됩니다.

결국 인간이 천국에 들어갈 수 있는 길은 예수님의 피 때문이며, 예수님의 피는 구원의 표입니다.

인간이 십자가에서 회개해야 하는 죄는 세 부류로서 각각 회개해야 합니다.

"베드로가 이르되 너희가 회개하여 각각 예수 그리스도의 이름으로 세례를 받고 죄 사함을 받으라 그리하면 성령의 선물을 받

으리니"(행 2:38)

인간은 영혼육으로 이루어져 있으며, 각각 다른 기능을 가지고 있지만 서로 연결되어 하나입니다.

영의 생명은 하나님의 생명인 생기에 있으며, 혼의 생명은 거룩하신 하나님의 영이신 성령에 있고, 육체의 생명은 피에 있습니다.

영의 기능은 영이신 하나님과 교통하고 교제를 하든지 또 다른 영의 존재인 사단과 교제를 하는 것으로 인간의 영은 영원히 죽지 않습니다.

영이 하나님과 연합하면 천국에서 영생을 누리고, 사단과 연합하면 지옥에서 영벌을 받게 됩니다.

혼의 기능은 인간의 정신세계입니다. 구원받은 사람의 혼은 하나님의 거룩하신 성령을 받았으므로 선을 행하기를 기뻐하며 하나님을 기쁘시게 해 드리기를 힘쓰지만, 영이 죽어 있는 상태의 혼은 사단의 거짓 진리를 더 잘 받아들입니다.

또 다른 기능인 육은 눈에 보이는 인간의 육체로서 동물적인 본능으로 움직이며, 영혼이 살아 있는 육체는 말씀과 성령의 지시를 받고 성령의 열매를 맺지만, 죽어 있는 영혼을 가진 육체는 악한 열매를 맺으므로 귀신의 처소가 됩니다.

그러므로 이 기능들이 어둠 속에서 행한 모든 죄를 각각 회개하여 회복시켜야 하며, 회복된 기능으로 살아가는 것을 신앙생활이라고 합니다.

첫째, 영의 죄를 회개해야 합니다.

"여호와 하나님이 땅의 흙으로 사람을 지으시고 생기를 그 코에
불어넣으시니 사람이 생령이 되니라"(창 2:7)

아담 이후의 인간의 영은 하나님과 교통하고 교제하지 못하는 죽어 있는 상태에 있으며, 사단의 지배를 받고 있습니다.

그러므로 영의 회개는 하나님을 알지 못하는 죄를 회개해야 합니다. 하나님을 알지 못하는 것이란 하나님이 이 땅에 보내시고, 구원하시고, 성령을 주신 궁극적인 목적을 모르고 살았던 죄를 회개하는 것을 말합니다.

이 죄를 회개할 때 사단은 더 이상 주인으로 인간을 지배할 수 없고 분리가 되며, 죽었던 영은 하나님의 생기로 살아 있는 생령이 됩니다.

살아난 인간의 영은 에덴동산에서 하나님과 아담이 함께 거닐며 대화를 나누었던 것처럼 하나님과 교통하며 교제하는 기능으로 회복됩니다.

회복된 영이 그리스도의 분량에 이르도록 자라며 영생을 누리도록 하기 위해서는, 영의 양식인 진리의 말씀을 먹고 기도하면서 항상 깨어 있

사단이 가장 싫어하는 복음

는 건강한 영이 되도록 돌보아야 하며, 이렇게 하는 것이 어두움과 사망으로부터 영을 보호하는 것입니다.

신앙생활을 다른 말로 표현하면 영을 살리고 먹이고 성장시키는 삶입니다.

인터넷이 발달한 이 시대는 누구든지 원하기만 하면 언제 어디서나 말씀을 들을 수 있는 장점도 있지만 영혼을 노리는 사냥꾼의 설교를 듣기도 쉬우므로 영이 병들거나 죽을 수도 있는 것이 사실입니다.

회개하고 하나님의 뜻대로 살기로 돌아섰다 할지라도 분별함이 없이 자신이 듣기 좋고, 자신에게 기쁨만을 주는 말씀을 듣다 보면 하나님의 음성에 반응하지 못하고 영이 약해집니다.

건강한 영은 하나님이 주신 강력한 생명력으로 더 단단한 식물인 진리의 말씀을 더욱 사모하게 되고, 진리로 무장된 영은 하나님의 말씀에 믿음으로 반응하여서 눈에 보이는 현재의 삶보다 보이지 않는 영의 삶을 더욱 실제의 삶으로 느끼게 됩니다.

건강한 영은 현재의 상황보다 하나님의 말씀을 더욱 신뢰하기 때문에 폭풍 가운데서도 불안해하거나 당황해하지 않습니다.

힘 있는 영이 되기 위하여 자신이 성경 말씀을 읽을 때는 계시의 정신을 달라고 기도하고 성경을 읽어야 하며, 말씀을 들을 때는 분별의 영을 달라고 기도하고 설교를 들어야 영이 잘 자라고, 병들거나 죽지 않게 됩니다.

거듭난 영이라고 할지라도 진리의 말씀으로 무장되지 못한 영은 현재

상황에 쉽게 감정이 소용돌이를 치고 두려움에 붙잡히게 되지만 하나님의 말씀으로 무장된 영은 성령 안에서 기쁨과 평안을 누리게 됩니다.

회개한 영은 하나님의 말씀을 흡수하는 스폰지와 같이 받아들이고 자신의 삶이 하나님의 음성에 민감하게 반응하고 지배를 받으므로 주님과 교통하며 교제하는 하나님의 나라가 됩니다.

둘째, 혼의 회개입니다.

"이 말씀을 하시고 그들을 향하사 숨을 내쉬며 이르시되 성령을 받으라"(요 20:22)

혼은 인간의 마음입니다.
인간의 마음은 항상 성령의 지배를 받는 깨끗한 상태가 되어 있어야 하는데 영이 죽어있는 인간은 어두워져서 하나님의 뜻과 계획을 마음에 품고 살 수 없습니다.
그러므로 간교하고 악한 사단과 같은 마음을 품고 빛보다 어두움을 더 좋아하는 삶을 살게 되는 것입니다.

그러므로 순간순간 마음에 들어오는 사단의 소리를 거절하고 성령의 충만을 구하는 삶을 살아가기 위해서는 십자가 밑에 나가서 하나님의 빛을 등지고 살았던 마음의 탐욕과 교만을 회개해야만 그 죄는 씻김받고 마음에 성령의 지배를 받을 수 있습니다.

그리고 우리가 하나님 앞에 나와서 기도하지만, 대부분의 기도는 육을 위한 기도로서 실제적으로 하나님이 주시기로 예비하신 위로부터 오는 것을 구하지 못하고 있습니다.

위로부터 오는 능력과 하나님께로부터 오는 거룩하신 성령의 충만을 받기 위해서는 구해야 합니다.

성령이 역사하지 않으신데 하나님의 뜻을 이루는 삶은 없습니다.

마음에서 성령의 충만함이 사라지면 그때부터 세상이 보이기 시작하고 염려, 근심이 마음에 밀려와서 두려움과 불안함으로 살게 됩니다.

회개하고 거듭난 혼은 성령의 지배를 받는 혼으로서 세상이 감당치 못하는 사람이 됩니다.

우리가 십자가의 구원을 바라고 회개한 삶을 살기 위해서는 성령의 충만함은 필수입니다.

셋째, 육의 회개입니다.

"육체의 생명은 피에 있음이라 내가 이 피를 너희에게 주어 제단
에 뿌려 너희의 생명을 위하여 속죄하게 하였나니 생명이 피에
있으므로 피가 죄를 속하느니라"(레 17:11)

인간의 육체는 동물적인 본능으로 움직이지만 영혼이 말씀과 성령으로 깨어 있으면 거룩하신 하나님의 뜻을 이루는 육체로서 성령의 열매를 맺을 수가 있습니다.

십자가 밑에 나가서 성령의 열매 맺지 못하고 육체의 소욕대로 살았던 죄를 회개하면 예수님의 피가 그 죄를 씻어 주시고 성령의 소욕을 이루게 됩니다.

회개한 육의 죄도 한 번의 회개로써 완전히 새롭게 되지 않습니다. 그러므로 습관을 쫓아서 원래대로 돌아가려는 육을 날마다 쳐서 복종을 시켜야 합니다.

육체를 쳐서 복종시키는 삶이란 죄의 본성으로 돌아간 자신의 모습을 발견하는 즉시 회개하여 예수님의 피로 씻음받고 하나님의 생명과 임재를 구하여야 합니다.

육의 삶이 무너진 것은 영과 혼의 상태가 무너진 것을 보여주는 것이며 육의 모든 삶은 영혼의 삶의 열매로 나타납니다.

영혼이 건강하면 육으로 믿음의 열매를 맺고 영혼이 병들었거나 죽은 상태는 죄의 열매를 맺으므로 즉시 십자가로 돌아가 회개하여 씻음받아야 합니다.

거듭난 사람이라 할지라도 육체의 소욕을 따르는 삶을 끊지 못하면 하나님의 나라를 유업으로 받지 못합니다.

사단이 가장 싫어하는 복음

죽음에서 생명으로 구원의 은혜를 입은 인간의 죽었던 영혼육이 하나님을 알고 하나님의 성령을 받아서 성령의 열매를 맺으며 사는 것을 거듭났다고 하며, 이 땅에서 얻는 거듭남은 또 다시 옛사람으로 돌아갈 수 있기 때문에 영원한 생명을 얻기까지 죄와 씨름해야 합니다.

❖ 홍해를 건너는 기도 ❖

살아 계신 하나님 아버지 감사를 드립니다.
저는 하나님 안에 있는 자유와 평안과 기쁨을 찾아서 예수님이 흘리신 피의
강에 들어갑니다.

지금까지 저의 삶을 거짓과 죄로 끌어들여 억압하고 고통 속에서 살게 했던
원수와 그 졸개들을 피의 강에 수장시켜 주심을 감사드립니다.

이제 저에게 은혜의 강에서 예수 그리스도의 새 생명을 주시니 감사합니다.

사단이 저의 인생 가운데 심어 놓은 탐욕과 교만함으로 자신의 이름을 높이
며 마음이 원하는 대로 살았던 죄를 회개합니다. 용서하여 주시옵소서.

특히 마음에 하나님 두기를 싫어하여 하나님의 뜻을 이루는 삶에 헌신하지
못하였고 성령의 소욕을 따라 열매 맺지 못한 죄를 회개합니다. 용서하여
주시옵소서.

원수를 멸하시고 새 생명을 허락하신 주님께 감사를 드리며 다시 오실 나사
렛 예수 그리스도의 이름으로 기도드립니다.

아멘

인생이 만나는
두 번째 때, 광야

하나님의 자녀로서
성장하는 훈련학교

광야는 사단에게 속하였고 길들여졌던 우리가 하나님을 믿는 성도들로서 변화되기 위하여 통과해야 할 훈련학교입니다.

　그리고 이곳은 철저하게 하나님만 의지하는 곳입니다. 왜냐하면 우리를 인도하시는 불기둥과 구름기둥만을 따라가야만 살아남을 수 있는 곳이기 때문입니다.

　그러면 이 광야학교에서 우리가 이수해야 하는 과정이 무엇인지 알아보겠습니다.

　　　　　　　　　　사단이 가장 싫어하는 복음

광야학교에서 이수해야 할
세 가지 교과 과목

첫 번째는 하나님의 인간에 대한 사랑과 사단에 대한 적개심을 알아야 합니다.

두 번째는 죄의 원흉 사단의 간교함과 쉬지 않는 죄의 본성을 알아야 합니다.

세 번째는 인간 자신의 강퍅함과 연약함과 무지와 무능함을 알아야 합니다.

이 모든 것을 알고 나면 하나님이 우리를 부르신 뜻을 알게 되고 그 뜻을 이루어 드리기 위해서 하나님의 말씀과 성령의 인도함이 없이는 살 수 없다는 것을 알게 됩니다.

그러므로 출애굽한 후에 이스라엘 백성들이 광야에서 오직 구름기둥과 불기둥의 인도를 받으며 살았던 것처럼 하나님을 찾고 의지할 수밖에 없어집니다.

광야란 인간에게 반드시 필요한 세 가지가 없는 곳입니다. 이 세 가지는 인간이 살아가는 데 반드시 필요한 길과 물과 양식입니다.

하나님께서 길이 없는 광야로 이스라엘 백성을 인도하신 이유는 성령의 인도하심을 따라가는 순종의 삶을 배우게 하시기 위함입니다.

물이 없는 사막에서 훈련시키신 이유는 목마르고 갈증이 나는 고통의 문제에 직면했을 때, 인생을 도울 이는 하나님 한 분밖에는 없다는 것을 알게 하기 위함입니다.

그리고 만나를 먹이신 이유는 매일의 삶이 하나님의 음성을 듣고 행하는 삶이어야 한다는 사실을 가르치시기 위해서입니다.

이스라엘 백성들을 홍해에서 추격하는 사단을 수장시키시고 구해 내시며, 광야에서 성령의 인도하심을 받으면서 앞으로 나아가고, 어떤 문제에 직면했든지 해답을 가지신 주님만 바라보면서 주님의 음성을 듣고 행하게 하신 것은 그들이 하나님의 나라가 되고 주님의 뜻을 이루어 드리는 군사들이 되기 원하시는 하나님의 계획이 있는 것입니다.

사단이 가장 싫어하는 복음

"너희는 먼저 그의 나라와 그의 의를 구하라 그리하면 이 모든 것
을 너희에게 더하시리라"(마 6:33)

광야에서의 삶을 하루라도 빨리 끝내고 젖과 꿀이 흐르는 약속의 땅
으로 가는 길은 오직 자기를 부르신 하나님의 나라가 자신에게 이루어
지도록 구하는 것이며, 또한 부르신 하나님의 뜻이 자신을 통하여 이루
어지는 훈련이 있어야 한다는 사실을 잊어서는 안 됩니다.

이 사실을 모르는 신앙생활은 약속을 받고 애굽에서 출발하여 홍해를
건너고 광야에까지는 나왔지만 훈련되지 못해서 가나안 땅에 들어가지
못한 이스라엘 백성들처럼 우리를 이 땅에 보내시고 구원하신 하나님
의 뜻을 알지 못하는 삶으로써 결국에는 천국에 들어가지 못하는 백성
이 있음을 알아야 할 것입니다.

1) 성도가 구해야 하는 하나님의 나라?

성경에서 말씀하는 하나님의 나라는 하나님의 임재로 인하여 우리에
게 시작될 하나님의 통치와 역사이며, 그로 인한 사단에게 임할 심판을
말씀합니다.

예수님께서 마태복음 6장 33절에서 하나님의 백성은 이 세상의 육을
위한 것이 아닌 하나님의 나라를 구해야 한다고 말씀하셨습니다.

이것은 곧 하나님이 성도들에게 성령으로 오셔서 임마누엘 하실 성령의 집이 세워지게 하라는 것입니다.

전에는 우리가 사단의 종으로서 사단의 소굴이 되어 있었던 존재들로 영적인 생명이나 빛이 없이 어두움 자체로써 두려움과 고통에 매여 살던 자들이었습니다.

그런데 이제는 사단과 결별하고 하늘의 생명을 가진 자들이 되었으니 당연히 하나님이 우리 안에 오셔서 주인이 되어 주시고 왕이 되어 주시도록 마음의 문을 예수님께 열어 드려야 피의 생명과 그 빛의 힘으로 살아갈 수 있는 것입니다.

즉 하나님의 나라는 성령님이 성도들 안에 임마누엘하심으로 하나님과 성도들의 연합한 삶을 통하여 사단의 나라를 깨뜨리고 뽑고 정복하는 사단 나라에 대한 심판과 하나님의 통치가 이루어지는 일을 의미합니다.

(1) 하나님의 나라가 어떻게 성도에게 임하는가?

하나님의 나라는 회개할 때 임하는 나라입니다.

"이 때부터 예수께서 비로소 전파하여 이르시되 회개하라 천국

이 가까이 왔느니라 하시더라"(마 4:17)

예수님께서 "회개하라 천국이 가까웠다"라고 하신 말씀은 결국 회개하라 그리하면 너희에게 진리의 성령이 임할 것이라는 뜻을 말씀하신 것입니다.

예수님의 피로 거듭난 성도들이 하나님의 말씀과 성령으로 성장하는 광야에는 성도들의 신앙 성장을 방해하는 섞여 사는 무리가 있어서, 출애굽한 이스라엘 백성들이 섞여 사는 무리로 인해 범죄하고 가나안 땅에 들어가지 못하고 광야에서 죽었던 것처럼 우리 안에 섞여 사는 무리가 있음을 깨닫고 그것을 뽑아내야만 약속의 땅으로 갈 수 있습니다.

교회를 통하여 말씀으로 훈련되고 성령의 인도하심을 받는 성도들에게 섞여 사는 무리는 하나님이 심지 않은 가라지들과 사단이 만들어 낸 거짓복음을 말합니다.

광야의 성도들은 영의 사람으로서 하나님의 나라가 되고 하나님의 뜻을 이해하고 순종하는 삶을 훈련해야 하는데 사단은 다시 육의 삶으로 돌아가도록 거짓복음과 세상 것으로 마음을 장악하고 있습니다.

그러나 하나님은 우리 안에 하나님의 말씀과 성령으로부터 온 것이 아닌 어떤 것도 용납하지 않으십니다.

성도는 예수님의 십자가의 모형인 유월절을 시작으로 출애굽해서, 예수님의 피를 상징하는 홍해에서 새 생명을 얻고, 광야에서 하나님의 백성으로 양육을 받으면서 하나님이 심지 않은 것들을 내버리고 영의 사람이 되도록 말씀과 성령으로 훈련을 받아야 됩니다.

출애굽하는 이스라엘 백성들에게 섞여 사는 무리로 인하여 많은 고통과 아픔이 있었던 것처럼 예수님의 피로 새 생명을 받은 우리들 속에도 하나님이 심어 주신 진리의 말씀이 아닌 것들이 섞여 있어서 사단과 귀신들이 들어오는 통로가 되고 연단과 훈련이 끝나지 않는 제자리걸음을 하고 있을 수 있습니다.

이스라엘 백성에게 섞여 사는 무리가 있었다면, 우리에게는 뽑아내야 하는 것들이 있으며, 믿음의 조상 아브라함에게도 떠나라고 하신 친척이 있었던 것과 같습니다.

본토를 떠난 성도들에게 친척을 떠나라는 말씀은 우리의 마음을 빼앗는 세상 욕심을 버리라는 것입니다. 이는 천국을 향하여 나가는 성도들은 성령의 소욕을 따라 살아야 한다는 것입니다. 또한 마음에 하나님 두기를 싫어하는 교만과 탐욕은 광야에서 철저하게 버려야 합니다.

하나님의 지시할 땅을 향해 가던 아브라함이 친척인 조카 롯과 함께 떠났기 때문에 아브라함의 종들과 롯의 종들 간에 다툼이 일어났고 318명의 군사를 거느리고 큰 전쟁을 치러야 하는 일에 휘말린 것입니다.

또 다윗의 장자 암논은 육체의 욕망 때문에 망한 대표적인 인물입니다.

"그 후에 이일이 있으니라 다윗의 아들 압살롬에게 아름다운 누이가 있으니 이름은 다말이라 다윗의 다른 아들 암논이 그를 사랑하나 그는 처녀이므로 어찌할 수 없는 줄을 알고 암논이 그의 누이 다말 때문에 울화로 말미암아 병이 되니라 암논에게 요나답이라 하는 친구가 있으니 그는 다윗의 형 시므아의 아들이요 심히 간교한 자라 그가 암논에게 이르되 왕자여 당신은 어찌하여 나날이 이렇게 파리하여 가느뇨 내게 말해 주지 아니하겠느냐 하니 암논이 말하되 내가 아우 압살롬의 누이 다말을 사랑함이니라 하니라 요나답이 그에게 이르되 침상에 누워 병든 체하다가 네 아버지가 너를 보러 오거든 너는 그에게 말하기를 원하건대 내 누이 다말이 와서 내게 떡을 먹이되 내가 보는 데에서 떡을 차려 그의 손으로 먹여 주게 하옵소서 하라"(삼하 13:1-5)

암논은 다윗 왕의 장자로서 "신실한"이란 뜻을 가진 자 입니다.

그의 친척인 요나답은 다윗 왕의 형 시므아의 아들로서 "심히 간교한 자"란 뜻입니다.

요나답이 왜 암논의 잘못된 욕망을 채워 주려고 간교한 지혜를 썼을까요?

암논은 다윗 왕의 장자였고 왕위를 계승할 서열 1위에 있는 자이기 때문입니다. 요나답의 계획 속에는 암논이 왕이 되면 자기 지위가 그 일로 해서 높아질 수 있다고 생각했기 때문입니다.

이와 같이 사단이 지금도 우리에게 와서 간교하게 가라지를 덧뿌리고 육체의 소욕대로 살며, 마음에 하나님을 두기 싫어하게 하는 이유는 하나님이 우리에게 주신 모든 축복을 빼앗기 위함입니다.

우리가 육체의 소욕을 따라 살아가면, 하나님의 성령께 굴복당하지 못하며 그 삶은 송두리째 흔들려 패망의 길로 가는 것입니다.

성령의 소욕은 진리의 말씀을 순종할 때 오는 것으로서 육신의 소욕을 끊어 내야만 하나님의 성령께 굴복할 수 있습니다. 육신의 소욕은 하나님을 사랑하고 성령님과 동행할 때만 끊어질 수 있습니다.

지금까지는 우리의 영적 친척은 사단이었습니다. 그러나 사단은 우리가 떠나야 할 친척입니다.

사단은 성도들과는 다르게 하나님을 섬기는 것을 싫어하고 자신이 하나님의 자리를 찬탈하려다가 이 땅으로 내어 쫓긴 자입니다.

그는 하나님을 섬기는 종으로 지음을 받았으며 인간은 하나님의 나라를 상속받는 자녀로서 지음을 받았습니다.

이에 사단은 시기와 질투에 눈이 멀어서 온갖 방법을 동원하여 성도들을 속이고 자신처럼 성도들도 저주받게 하려고 거짓말로서 교묘하게 죄를 범하도록 유혹했으며 결국에는 타락하게 만들어 버립니다.

사단에게서 멀어지기 원한다면 육신의 소욕을 따라 사는 삶을 끊어 내야 하며, 마음이 시키는 대로 교만과 탐욕으로 사는 삶을 버려야 합니다.

그래야만 죄성을 가진 연약한 인간이 사단을 멸하는 자가 될 수 있습니다.

> "여자가 뱀에게 말하되 동산 나무의 열매를 우리가 먹을 수 있으
> 나 동산 중앙에 있는 나무의 열매는 하나님의 말씀에 너희는 먹
> 지도 말고 만지지도 말라 너희가 죽을까 하노라 하셨느니라"(창
> 3:2-3)

뱀이 이렇게 하와의 연약한 죄성을 타고 들어와서 선악과를 먹게 함으로 인간에게 살인죄를 범했던 것처럼, 성도들도 성령의 소욕을 좇아서 육체의 소욕을 버리지 못하면 간교한 사단은 다시 넘어지게 하고 영의 삶을 살지 못하게 할 것입니다.

우리는 이 시점에서 왜 하나님이 이스라엘 백성들을 길도 없고 물도 없고 양식도 없는 곳에서 훈련시키셨는지를 다시 한번 생각해 봐야 합니다.

> "내가 너로 여자와 원수가 되게 하고 너의 후손도 여자의 후손과
> 원수가 되게 하리니 여자의 후손은 네 머리를 상하게 할 것이요
> 너는 그의 발꿈치를 상하게 할 것이니라 하시고"(창 3:15)

사단을 진멸하는 것은 사단이 들어오는 통로를 막는 것과 우리 안에

서 끊임없이 솟아나는 육체의 소욕과 마음에서 끓어오르는 교만과 탐욕을 하나님의 말씀으로 굴복시키기 위함입니다. 이는 성도들로 하여금 사단을 멸하는 하나님의 비밀병기들로 만들기 위한 하나님의 계획입니다.

에덴동산에서 선악과를 통하여 아담과 하와를 범죄하게 했던 사단은 모든 짐승들 중에 가장 간교한 자입니다

우리가 육체의 소욕을 따르는 것에서 돌아서지 않으면 사단은 합당하게 들어오고 하나님의 아들로서 천국을 유업으로 받은 우리의 왕권을 영원히 누리지 못하게 할 것입니다.

그러므로 육체의 소욕대로 살던 삶을 회개하고 참 교사이신 보혜사 성령님이 가르쳐 주시는 길을 따라 가는 성도들이 되어야 합니다.

사단이 주는 생각과 사상과 감정과 의지를 버리고 회개할 때 거룩하신 성령님의 임재로 하나님의 나라가 이루어지는 것입니다.

(2) 성도에게 하나님의 나라가 임하시는 증거?

우리에게 하나님의 나라가 임한 증거는 사단이 우리에게서 쫓겨 나가는 것으로 안다고 말씀하셨습니다.

"내가 하나님의 성령을 힘입어 귀신을 쫓아내는 것이면 하나님

의 나라가 이미 너희에게 임하였느니라"(마 12:28)

우리 안에 하나님의 나라가 임하였는지 알 수 있는 것은 육체를 장악했던 귀신들이 쫓겨 나가는 것으로 죄를 범할 생각과 감정과 의지가 사라지는 것이라고 말씀합니다.

즉 하나님이 기뻐하시지 않는 것이 들어올 때 마음에서 거부가 일어나고 사단의 유혹이 들어올 때 이전과 같은 동일한 감정이나 생각이 일어나지 않으며 하나님께로 마음이 이끌리는 것을 말합니다.

다시 말하면 하나님의 통치가 우리의 생각과 사상과 감정과 의지를 장악하시고 하나님의 거룩하심 안에서 나아가는 것이 하나님의 나라가 이루어진 것입니다.

2) 하나님의 의, 하나님의 뜻(목적)은?

① 영원세계에서 하나님을 반역했던 도전자 사단을 심판하여 멸하고 진리를 증거함으로 교훈을 만들기를 원하셨습니다.

② 대리 심판자 인간을 세워서 사단의 머리를 깨뜨리게 하시고 사단에게 묶여 있던 인간을 구원하신 후에 인간에게 복을 주실 계획을 하셨습니다.

③ 도전한 사단이 인간을 통하여 심판되어지고 사단에게 눌려

있던 영혼이 해방되어 하나님께로 돌아오는 것을 하나님의
영광으로 삼았습니다.

하나님이 이러한 뜻을 세우시고 그 계획을 이루어 가시는 모든 과정
을 하나님의 경륜이라고 합니다.
즉 하나님의 뜻 안에서 하나님이 예정하신 일들을 이루어 가는 것을
가리켜서 성경은 하나님의 경륜이라고 한다는 것입니다.

그러므로 창세 전에 세우신 하나님의 각본인 하나님의 경륜을 아는
것이 기독교의 본질을 아는 것이며 기독교 신앙생활의 본질이 무엇인
지를 아는 것입니다.
이 땅에 사는 성도의 삶은 창세전에 계획하시고 지금도 이루어 가시
는 하나님의 뜻이 하늘에서 이룬 것같이 이 땅에서도 자신을 통하여 이
루어지도록 사는 것입니다.

이 뜻을 알지 못하고 이루지 못하면 천국에 갈 수 없다고 말씀하셨습
니다. 물론 어린아이 신앙은 예외가 있을 수 있습니다.
왜냐하면 하나님의 경륜의 가장 주된 목적은 사단을 심판하는 것이기
때문입니다.

인간에게 거짓말로써 유혹하여 범죄하게 만든 거짓의 아비 사단이 심
판되지 않으면 영혼 구원도 없고, 치유나 해방과 회복이 없으며, 따라서

유일하시고 참 신이신 하나님의 영광이 드러나지 않습니다.

> "나더러 주여 주여 하는 자마다 천국에 다 들어갈 것이 아니요
> 다만 하늘에 계신 내 아버지의 뜻대로 행하는 자라야 들어가리
> 라"(마 7:21)

성도는 십자가에서 구원받음으로 하나님의 아들이 되었으며, 하나님의 심판을 집행하는 하나님의 아들의 삶을 살면 당연히 천국은 가는 것입니다.

성도에게 있어서 천국 가는 것이 복음의 본질이 아닙니다. 천국은 마치 자기 아들들을 포도원에 일하라고 보낸 아버지와 같다고 하셨습니다.

아버지의 명하신 대로 포도원에 가서 하루 종일 일을 한 아들이 저녁이 되어서 아버지여 오늘 내가 집에 갈 수 있나요? 제발 저를 집에 갈 수 있게 해 주세요라고 말하지 않습니다.

그러므로 복음의 핵심은 천국 입성이 아니라 우리가 아버지의 일을 할 수 있는 존재라는 것에 있습니다.

> "영원부터 만물을 창조하신 하나님 속에 감추어졌던 비밀의 경
> 륜이 어떠한 것을 드러내게 하려 하심이라 이는 이제 교회로 말
> 미암아 하늘에 있는 통치자들과 권세들에게 하나님의 각종 지혜
> 를 알게 하려 하심이니 곧 영원부터 우리 주 그리스도 예수 안에
> 서 예정하신 뜻대로 하신 것이라 우리가 그 안에서 그를 믿음으

로 말미암아 담대함과 확신을 가지고 하나님께 나아감을 얻느니
라”(엡 3:9-12)

창세기부터 요한계시록까지 기록된 성경의 핵심내용은 하나님과 성
도가 연합하여 사단을 멸하시는 하나님의 심판 스토리입니다.

하나님의 이 계획안에서 하나님과 함께 일을 할 때 하나님의 아들이
되고 구원을 받으며 천국을 유업으로 받는 하나님의 후사가 되는 것입
니다.

그리고 하나님의 이러한 뜻과 목적에서 빗나가는 자들은 사단과 함께
영원한 지옥 불에 던져지게 된다는 것이 성경의 핵심골자입니다.

그리고 또 한 가지 중요한 것은 하늘나라를 유업으로 받는 천국백성
은 양육과 훈련을 위하여 하늘로부터 오는 영의 양식을 먹어야 한다는
것입니다.

이스라엘 백성이 광야에서
먹었던 양식, 만나

이스라엘 백성들은 애굽에 있을 때에는 바로가 주는 육의 양식을 먹었는데, 광야로 나와서는 하나님의 자녀로서의 삶을 시작하면서 양식도 하나님이 공급하시는 것을 먹었습니다.

이것은 이스라엘 백성의 생사화복이 하나님께 있다는 것입니다.

이스라엘 백성들은 광야에서 40년간 만나를 아침마다 거두고 절구에 찧어서 껍질을 벗기고 맷돌에 갈아서 가루를 만들어 번철이나 가마솥에 삶아서 먹었습니다.

그러면 이스라엘 백성이 광야에서 먹었던 만나가 무엇입니까?

"그 때에 여호와께서 모세에게 이르시되 보라 내가 너희를 위하여 하늘에서 양식을 비 같이 내리리니 백성이 나가서 일용할 것

을 날마다 거둘 것이라 이같이 하여 그들이 내 율법을 준행하나 아니하나 내가 시험하리라"(출 16:4)

광야에서 먹었던 만나는 하나님이 공급하신 영의 양식입니다. 그리고 만나라는 뜻은 "이것이 무엇이냐"입니다.

"그 이슬이 마른 후에 광야 지면에 작고 둥글며 서리 같이 가는 것이 있는지라 이스라엘 자손이 보고 그것이 무엇인지 알지 못하여 서로 이르되 이것이 무엇이냐 하니 모세가 그들에게 이르되 이는 여호와께서 너희에게 주어 먹게 하신 양식이라"(출 16:14-15)

430년 동안 애굽의 삶을 통하여 이스라엘 백성이 먹었던 양식은 육을 위한 양식이었습니다. 그 양식은 사단의 모형인 바로의 주권하에서 육체를 위하여 먹었던 고기와 떡이었습니다. 또한 이 양식은 자기의 노력으로써 얻는 땅의 소산이었으며 인간의 방법으로 취할 수 있는 소득이며 탐욕의 양식입니다.

그러나 광야에서 하나님이 주셔서 먹게 한 양식은 하나님의 주권하에서 주신 영의 양식으로서 교만과 탐욕과 불순종으로는 얻을 수 없습니다. 이 양식은 밤에 성령의 모형인 이슬과 함께 주셔서 먹게 하는 은혜의 양식이며 철저하게 하나님만을 신뢰하는 법을 훈련시키는 일용할 양식입니다.

또한 얻는 방법도 먹는 방법도 하나님의 정하신 대로만 공급 받을 수 있는 양식이었습니다.

이것은 오늘날 교회생활을 시작하는 성도들에게 예수 그리스도를 믿는 것이 세상의 것을 더 채우기 위한 것이 아니라는 것을 보여 주는 그림자입니다.

그리고 하나님은 광야의 양식인 만나를 통하여 영으로 사는 훈련을 시키시는 것을 정확하게 보여 주고 계십니다.

이스라엘 백성들을 광야 40년 동안 이끄신 것은 말씀의 모형인 구름기둥과 성령의 모형인 불기둥밖에 다른 것이 없었습니다.

오직 진리의 말씀과 성령으로만 광야 영적 훈련을 통과할 수 있었습니다.

만나를 먹는 방법은 지금 우리가 교회생활을 어떻게 할지를 깨닫게 하십니다. 이것은 곧 하나님의 말씀을 은혜로 먹고 영적으로 장성하기까지를 알려 주시는 중요한 사항입니다.

> "백성이 두루 다니며 그것을 거두어 맷돌에 갈기도 하며 절구에 찧기도 하고 가마에 삶기도 하여 과자를 만들었으니 그 맛이 기름 섞은 과자 맛 같았더라 밤에 이슬이 진영에 내릴 때에 만나도 같이 내렸더라"(민 11:8-9)

만나는 먹는 방법을 통해서 예수님이 우리를 살리시기 위하여 당하신 십자가의 고난과 죽음을 보여 줍니다. 또 예수님을 믿는 우리가 어떻게 말씀을 받아먹고 변화되어 가야 하는지도 보여 줍니다.

여기에 오늘날 성도들이 영의 양식인 말씀을 먹는 방법이 들어 있습니다.

첫 번째는 만나를 거두어다가 절구에 찧었습니다.

이것은 예수님이 사단의 길에 섰던 우리가 범한 모든 죄와 허물 때문에 옷 벗김 당하시고, 침 뱉음 당하시고, 채찍에 맞으시며, 세상 법정에 끌려다니시면서 온갖 멸시와 수모를 당하시며 재판을 받으신 모습을 보여 주는 모형입니다.

예수님을 알지 못했을 때 우리를 덮고 있던 죄와 허물의 껍질은 바로 예수님이 이런 수치와 고통을 당할 수밖에 없는 것으로서 절구는 껍질을 벗기는 도구입니다.

성경 전체를 통하여 옷 벗김을 받는 것은 인간 최대의 수치요 모욕입니다. 예수님이 우리 때문에 옷 벗김을 당하는 수치를 받으신 것은 사단과 연합하였고 사단의 길에 섰던 우리의 죄악의 껍질 때문이었습니다.

성도는 하나님의 말씀을 먹으면서 아직 벗겨지지 않은 옛사람의 죄의 껍질을 회개해야 합니다.

사단이 가장 싫어하는 복음

교회를 통하여 하나님의 말씀을 받는 성도의 신앙 성장의 첫 번째가 다시 옛사람의 모습으로 돌아가지 않는 것입니다.

왜냐하면 성도는 결코 다시 죄 속에서 침몰할 자가 아니기 때문입니다.

거듭난 우리가 다시 사단과 연합하여 육체의 소욕을 추구하고, 옛사람의 삶을 사는 것은 성도로서 부끄럽고 수치스러운 일이며 사단과 함께 영원한 형벌 속으로 들어갈 죄입니다.

그리고 예수님의 침 뱉음 당하시고 채찍 맞으시고 옷 벗김 당하신 그 모든 일을 헛되게 하는 죄악입니다.

그러므로 이제부터는 하나님의 군사로서 훈련을 받는 동안에는 여러 가지 환경과 상황을 통하여 오는 옛사람의 죄와 수치와 부끄러움을 절구에 찧어서 껍질을 벗겨 내듯이 회개하고 하나님의 말씀을 붙잡고 목적지를 향하여 가는 걸음을 멈추지 말아야 합니다.

그리고 육의 삶에서 돌아서서 하늘의 보화가 되시는 예수님을 믿는 믿음 때문에 부끄러움과 수치를 감수하는 삶을 사는 것이 절구에 찧어지는 삶이기도 합니다.

잊지 말아야 하는 것은 사단을 정복하고 심판하는 과정에서 발꿈치를 물리는 온갖 부끄러움을 당할 수 있으며, 이는 믿음 때문에 막힌 웅덩이와 사망의 음침한 길을 걷는 전진임을 알아야 합니다.

그때 사람들은 예수 믿는 증거가 이거냐?

혹시 감춰진 죄가 있지 않느냐?

혹시 예수 잘못 믿는 거 아니야? 하고 물을 수 있습니다.

이런 외적인 모든 아픔은 이삭이 우물을 팔 때 에섹과 싯나의 다툼에서 대항하지 않고 다른 우물을 팠던 것처럼 그런 아픔이 있다고 할지라도 우리는 하나님의 부르신 지시할 땅을 향해 묵묵히 전진해야만 하는 것입니다.

또 한 가지 잊지 말아야 하는 것은 하나님의 특별한 부르심이 있는 사람에게는 사단의 이런 맹렬한 공격이 더 있다는 사실입니다.

그러나 훈련의 단계에 있는 광야에서는 열매보다는 스스로를 다듬어 가는 곳이므로 괴롭고 고통스럽지만 내일의 승리를 위해 진리의 말씀을 붙잡고 묵묵히 기도로 승리할 때입니다.

두 번째는 만나를 거두어다가 맷돌에 갈았습니다.

예수님은 십자가에서 우리의 모든 죄와 허물을 담당하시고 맷돌에 갈리는 것 같은 죽음의 고난을 받으셨습니다.

맷돌에 간다는 것은 원래의 형태로 돌아갈 수 없도록 갈린다는 것입니다.

사단이 가장 싫어하는 복음

이 말씀은 강팍하고 죄성이 강한 우리의 마음이 회개하여 다시는 옛 사람의 모습으로 돌아가지 못하도록 잘게 부서져서 갈린다는 것입니다.

사단은 지금도 우리 안에 계시는 예수님의 보좌를 빼앗으려고 호시탐탐 노리고 있습니다.

그러므로 예수님을 빼앗기지 않으려면 말씀의 맷돌에다 우리의 옛 자아를 철저하게 갈아 버려서 우리의 내면에 숨어 있는 하나님을 마음에 두기 싫어하는 육신의 소욕을 무너뜨리도록 모든 생각을 사로잡아 그리스도께 복종하게 하여야 합니다.

이스라엘 백성이 출애굽할 때, 매 순간 말썽을 일으키는 섞여 있던 애굽 백성들처럼, 또 진군하는 이스라엘 백성들을 공격했던 아말렉처럼, 우리 안에도 가라지들이 존재합니다.

"그들 중에 섞여 사는 다른 인종들이 탐욕을 품으매 이스라엘 자손도 다시 울며 이르되 누가 우리에게 고기를 주어 먹게 하랴 우리가 애굽에 있을 때에는 값없이 생선과 오이와 참외와 부추와 파와 마늘들을 먹은 것이 생각나거늘 이제는 우리의 정력이 다하여 이 만나 외에는 보이는 것이 아무 것도 없도다 하니"(민 11:4-6)

그렇다면 우리 안에 들어온 가라지는 무엇인가요?
하나님은 좋은 씨인 진리의 말씀을 우리에게 심으셨는데 밤에 원수가 와서 사람을 더럽게 하는 것들을 심었습니다.

이것들을 뽑아내지 않으면 우리는 생명의 길을 제대로 갈 수 없습니다.

> "마음에서 나오는 것은 악한 생각과 살인과 간음과 음란과 도둑
> 질과 거짓 증언과 비방이니"(마 15:19)

이러한 가라지들이 우리 안에 가득 채워져 있으면 우리 마음은 자신도 모르는 사이에 육체의 소욕대로 살게 되며 로마서 1장 28절 이하처럼 마음에 하나님 두기를 싫어합니다.

이렇게 심은 가라지는 우리를 멸망의 길로 이끄는 것들입니다.

사단이 뿌리는 가라지가 뿌리내리지 못하도록 하기 위해서는 날마다 생명의 말씀을 먹고 성령 안에서 기도하며 자기 자신을 스스로 점검해야 합니다.

세 번째는 만나를 거두어다가 가마솥에 삶았습니다.

가마는 히브리말로 "파루리"이며 피와 생기를 완전히 죽이고 살균시키는 항아리 돌그릇이라는 뜻을 가지고 있습니다.

즉 가마는 한마디로 죽이는 곳으로서 무덤이라는 의미입니다. 예수님이 십자가를 지시고 무덤 속에 들어가셨던 것처럼 우리는 하나님의 말씀을 먹고 그 말씀이 우리의 옛사람인 혈기와 미움, 교만, 욕심, 시기, 질

투 등 사단의 속성과 죄의 속성을 완전히 죽이는 무덤에 들어가는 역사가 일어나야 합니다.

다른 말로 하나님의 약속하신 가나안 땅에 들어가서 하나님의 자녀로서 유업을 이어받는 데 장애되는 모든 요소는 완전히 소멸시켜 버려야 합니다.

말씀이 나를 이기고 내가 죽어서 예수 그리스도의 영의 사람으로 부활해야 천국에 입성을 할 수 있습니다.

광야에서 이스라엘 백성들이 하늘로부터 내려오는 만나를 아침마다 거두어서 절구에 찧고, 맷돌에 갈고 가마솥에 삶아서 먹었다는 것은 하나님의 말씀을 받고 천국으로 향하는 우리가 말씀을 먹고 회개하고 돌이키는 삶으로 우리의 연약한 죄성과 사단의 길에 섰던 모든 죄악의 껍질이 벗겨지고, 맷돌에 갈아져서 가루가 되어 버리고 가마솥에 푹 삶아져서 죽음을 경험한 후에 예수님이 무덤 문을 열고 나오신 부활의 첫 열매가 되셨던 것처럼 우리도 부활의 생명을 가지고 원수를 진멸시키는 준비된 자가 되어야 한다는 것입니다.

육체가 원하는 대로 살면서 철저하게 육체의 소욕을 따랐던 우리가 광야에서 밤에 성령의 모형인 이슬과 함께 하늘에서 내리는 만나를 받아 먹고 살았던 이스라엘 백성들처럼 성령의 소욕을 따라, 진리의 말씀으로 세워져 가야만 하나님이 온전히 쓰실 수 있는 존재가 될 수 있습니다.

출애굽한 1세대는 이백만 명 중에 단 2명만 가나안 땅에 들어갈 수 있었습니다.

이는 신령한 양식인 진리의 말씀으로 변화받지 않고는 영적으로 살아날 수가 없다는 것을 말해 주는 것입니다.

진리의 말씀을 먹지 않아도 예수만 믿으면 무조건 천국 간다는 것은 사단이 만들어 낸 거짓 진리입니다.

이제부터라도 자신의 신앙의 연조나 직분에 연연하지 말고 철저하게 영적인 현주소를 깨닫고 말씀 앞으로 돌아와서 무릎을 꿇고 성령님을 의지하여 아직 버리지 못한 옛사람의 모습과 변화되지 못한 육신의 본성에서 떠나야 합니다.

무엇보다 하나님의 말씀을 양식으로 먹었다면 하나님이 우리를 이 땅에 보내시고 성령을 주신 목적을 깨달아서 이제부터는 주님의 뜻을 이루어 드리는 삶을 살아야 할 것입니다.

그리고 광야의 훈련을 통과시키시면서 말씀을 주신 하나님은 보고 따르도록 신앙의 샘플로 선한 교사를 만나게 하시고, 떠나야 하는 샘플로 악한 교사들을 보게 하셔서 온전한 길을 걸을 수 있도록 가르쳐 주십니다.

사단이 가장 싫어하는 복음

광야의 교사들을 통한 훈련

광야에서 하나님이 주신 성경 말씀은 성도들의 교과서이며, 성령님은 교사이십니다.

이 교과서를 성령님의 인도를 받으면서 하나님 아버지의 마음으로 이해하고 말씀이 인도하는 방향으로 삶을 맞추어 나가는 사람이 있는가 하면, 성경을 하나의 경전으로서 지식으로만 받고 삶을 변화시키지 못하는 사람들이 있습니다.

그 대표적인 두 종류의 사람이 광야에서 모세에게 선한 영향력을 주었던 그의 장인이며 겐 족속의 수장인 르우엘이 있고, 야곱에게 거짓과 속임수로 악한 영향력을 주었던 탐욕의 사람 라반이 있습니다.

겐 족속은 광야에서 나그네로 살면서 여호와를 섬기는 예배자의 삶을 산 사람들입니다.

　그들은 포도주를 마시지 않았고, 땅에다 파종하는 농사를 짓지 않았으며, 집을 짓지 않고 장막에 거했습니다.

　왜 그런 삶을 살았느냐 하면 포도주를 마시지 않았다는 것은 하나님께로부터 오는 기쁨이 아닌 세상의 쾌락을 구하지 않았다는 것이며, 농사를 짓지 않았다는 것은 이 땅에다 마음을 두지 않으며 탐욕으로 살지 않겠다는 것이요, 집을 짓지 않고 장막에 거했다는 것은 천국 본향에 소망을 두고 살았다는 것입니다

> "그들이 이르되 우리는 포도주를 마시지 아니하겠노라 레갑의 아들 우리 선조 요나답이 우리에게 명령하여 이르기를 너희와 너희 자손은 영영히 포도주를 마시지 말며 너희가 집도 짓지 말며 파종도 하지 말며 포도원을 소유하지도 말고 너희는 평생 동안 장막에 살아라 그리하면 너희가 머물러 사는 땅에서 너희 생명이 길리라 하였으므로 우리가 레갑의 아들 우리 선조 요나답이 우리에게 명령한 모든 말을 순종하여 우리와 우리 아내와 자녀가 평생 동안 포도주를 마시지 아니하며 살 집도 짓지 아니하며 포도원이나 밭이나 종자도 가지지 아니하고 장막에 살면서 우리 선조 요나답이 우리에게 명령한 대로 다 지켜행하였노라"(렘 35:6~10)

　그러나 악한 교사인 라반은 아브라함의 동생 나홀의 손주이며, 리브가의 오빠로서 아브라함이 하나님의 말씀에 순종하여 본토, 친척 아비

집을 떠날 때에 그 땅의 아름다움과 풍요를 선택해서 하란에 남았던 사람의 후손입니다.

라반은 조카이면서 사위인 야곱을 속여서 열 번이나 품삯을 바꿨으며, 도망자라는 야곱의 약점을 이용하여 머슴살이를 시켰고, 어떻게든 빈손으로 돌려보내려고 한 악한 자입니다.

1) 광야에서 겐 족속을 만났던 모세를 통한 성도의 청사진

구약 마당에서 하나님 집의 사환으로 살았던 모세의 삶은 우리 성도들이 걸어가는 세 때의 삶을 보여 주는 청사진의 역할을 합니다.

모세의 인생을 3기로 나눈다면 제1기는 바로의 왕궁에서의 삶이고, 제2기는 미디안 광야의 삶이며, 제3기는 이스라엘 백성들의 지도자로서의 삶이었습니다.

모세의 세 때의 삶은 이 시대를 살아가는 우리에게 신앙의 여정을 보여 줍니다.

훈련 1기 : 바로 왕 궁에서의 삶

모세는 태어나서 3개월 만에 애굽 나라 공주의 아들로서 바로의 왕궁에 들어가서 40년을 살았습니다. 이것은 모세가 보고, 배우고, 익힌 것이 세상 왕 사단의 모형인 애굽의 바로 왕에게서였다는 것입니다. 이것은 하나님이 없는 세상에서 우리가 보고 배웠고 익힌 것들과 똑같은 것입니다. 즉 약자는 강자의 종이 되어 살아야 한다는 것입니다.

이 이야기는 모세의 인생에만 국한되는 것이 아니라 사단에게 종살이 하던 우리들의 이야기이기도 합니다.

우리는 강자인 세상임금 사단에게 약자가 되어서 종살이 하는 신세가 되었고 하나님이 주셨던 모든 권세와 능력을 빼앗긴 채로 더 강한 자이신 예수님이 구원하시기 전에는 사단의 손아귀에서 빠져나올 수 없는 자들이었습니다.

하나님의 방법은 지금까지 보고 배우고 익힌 것을 뽑아내서 하나님의 법으로 변화시키는 과정이 반드시 필요하다는 것입니다. 그래서 모세를 광야로 불러내어 훈련을 시키신 것입니다.

훈련 2기 : 미디안 광야의 삶

미디안 광야의 삶은 모세는 철저한 여호와 하나님만을 위한 삶을 사는 자로 바뀌어집니다.

모세를 훈련시킨 사람은 겐 사람 르우엘이었습니다. 즉 하나님의 친구라는 이름을 가진 르우엘을 통하여 하나님을 섬기는 법을 익힌 것입니다.

"모세의 장인은 겐 사람이라 그의 자손이 유다 자손과 함께 종려

사단이 가장 싫어하는 복음

나무 성읍에서 올라가서 아랏 남방의 유다 황무지에 이르러 그
백성 중에 거하니라"(삿 1:16)

겐 족속은 구약 마당에서 철저하게 나그네로서의 삶을 살면서 예수님
의 그림자의 생활을 하였습니다.

그들은 유일신 하나님만을 섬기고 경외하는 삶을 살았고, 교만과 탐욕
을 버린 경배자로서의 삶과 천국에 소망을 둔 삶을 사는 자들이었습니다.

겐이라는 말은 동을 두드린다는 뜻으로 대장장이의 일을 하여 그것으
로 생계를 유지하며 영토 확장이나 소유를 위한 전쟁을 하지 않고 적군
들이 쳐들어와도 피해 다니면서 오직 하나님을 찬양하고 경배하는 삶,
곧 예수님의 삶을 보여 주는 샘플이었습니다.

① 예수님의 삶을 보여 주는 그림자의 삶이었습니다.

육의 눈으로 보면 예수님은 힘도 없고, 볼품도 없고, 외적으로는 흠모
할 만한 조건도 없고, 멸시와 천대를 받았으며 대적들을 향하여 육으로
싸우지도 않았으며, 마치 죄인처럼 끌려다니며 폭력을 써서 질서를 깨
뜨리지도 않고 간사스런 거짓말도 하지 않았습니다.

"우리의 전한 것을 누가 믿었느뇨 여호와의 팔이 누구에게 나타
났느냐 그는 주 앞에서 자라나기를 연한 순 같고 마른 땅에서 나
온 뿌리 같아서 고운 모양도 없고 풍채도 없은즉 우리의 보기에

흠모할 만한 아름다운 것이 없도다 그는 멸시를 받아 사람들에게
버림을 받았으며 간고를 많이 겪었으며 질고를 아는 자라 마치
사람들이 그에게서 얼굴을 가리는 것 같이 멸시를 당하였고 우리
도 그를 귀히 여기지 아니하였도다"(사 53:1-3)

구약 마당에 나타난 겐 족속은 광야에 살면서 철저하게 오실 예수 그
리스도의 삶을 보여 줍니다. 이는 모세가 미디안 광야에서 만났던 장인
이드로를 봉하여 훈련받았던 하나님을 섬기는 삶입니다.

"미디안 제사장에게 일곱 딸이 있더니 그들이 와서 물을 길어 구
유에 채우고 그 아비의 양무리에게 먹이려 하는데 목자들이 와서
그들을 쫓는지라 모세가 일어나 그들을 도와 그 양떼에게 먹이니
라 그들이 그들의 아버지 르우엘에게 이를 때에 아버지가 이르되
너희가 오늘은 어찌하여 이같이 속히 돌아오느냐"(출 2:16-18)

이드로의 본이름은 르우엘입니다. 이드로란 뜻은 이름이 아니라, 넉
넉한, 넘치다 탁월하다란 말로서 리더로서의 자질과 성품을 나타내는
별칭과 같은 것이며, 르우엘이란 뜻은 하나님의 친구란 뜻입니다.
　그러므로 모세의 장인은 미디안 광야에 살았던 겐 족속의 리더로서
여호와를 섬기는 신앙의 삶을 모세에게 가르쳐 준 사람입니다.

② 여호와 하나님만을 섬기는 신앙을 본받았습니다.

겐 족속은 육으로는 전쟁을 싫어하고 피하여 도망 다니는 자들이었지만 신앙에 있어서만큼은 가히 상상을 초월하는 괴력을 발산하는 족속입니다.

다시 말하면 우상을 철폐하는 것과 같은 신앙의 문제에 대해서는 생명을 걸었다는 것입니다.

"예후가 거기서 떠나가다가 자기를 맞이하러 오는 레갑의 아들 여호나답을 만난지라 그의 안부를 묻고 그에게 이르되 내 마음이 네 마음을 향하여 진실함과 같이 네 마음도 진실하냐 하니 여호나답이 대답하되 그러하니이다 이르되 그러면 나와 손을 잡자 손을 잡으니 예후가 끌어 병거에 올리며"(왕하 10:15)

예후가 왕이 된 후 겐 사람 요나답을 만나게 되니 이스라엘을 우상숭배에 빠지게 하였던 아합과 이세벨의 아들 70명과 그에게 속한 자는 다 죽이고 바알 선지자들을 다 모이게 하고 80명의 무사로 하여금 일시에 그들을 죽였습니다.

이는 모세에게 선한 영향력으로 여호와의 경배신앙을 심어 준 겐 족속은 하나님을 섬기는 일이라면 물불을 가리지 않음을 보여 줍니다.

③ 고난이 올 때, 하나님의 도우심을 노래한 감사의 신앙을 배웠습니다.

시편 71편 1-5절은 다윗이 만들고 겐 족속 요나답의 자손들이 노래한 시입니다.

"여호와여 내가 주께 피하오니 내가 영영히 수치를 당하게 하지
마소서 주의 의로 나를 건지시며 나를 풀어 주시며 주의 귀를 내게
기울이사 나를 구원하소서 주는 내가 항상 피하여 숨을 바위가 되
소서 주께서 나를 구원하라 명하셨으니 이는 주께서 나의 반석이
시요 나의 요새이심이니이다 나의 하나님이여 나를 악인의 손 곧
불의한 자와 흉악한 자의 장중에서 피하게 하소서 주 여호와여 주
는 나의 소망이시요 나의 어릴 때부터 신뢰한 이시라"(시 71:1-5)

겐 족속들은 음악을 통해서 그들의 삶의 모습을 날마다 하나님께 고
백했습니다. 모세도 홍해를 건넌 후 출애굽기 15장에서 이스라엘 백성
들과 더불어 우주적인 찬양을 드렸습니다.

미디안 광야생활 40년 동안 모세는 겐 사람 이드로를 통해 사단의 모
형인 바로에게 배웠던 세상적인 삶의 방식을 청산하고 하나님을 찬양
하는 삶으로 변화된 것을 볼 수 있습니다.

훈련 3기 : 이스라엘 백성들의 구원자로서 원수를 멸하는 삶

성경에는 모세가 말씀을 배웠다거나 영적 훈련을 받았다는 기사가 나
타나지는 않습니다.

그러나 미디안 광야에서 40년 동안의 삶은 말씀이 일상이 되는 신앙
의 훈련을 받았을 것으로 봅니다. 이는 하나님께서 그를 이스라엘 민족
을 이끄는 리더로 쓰시는 과정을 통하여 알 수 있습니다.

사단이 가장 싫어하는 복음

훈련되어 있었기 때문에 모세는 하나님의 집의 사환이 되어 예수님의 사역을 가장 잘 나타내 보여 주는 그리스도의 모형이 된 것입니다.

이렇게 광야에서 받은 훈련을 통해서 장차 예수님이 이 땅에 오셔서 이루실 큰 세 가지의 일을 직접 행함으로 예수님의 그림자로서의 삶을 살아 낼 수 있었습니다.

2) 모세가 예수님의 그림자로서 행한 세 가지 큰일

(1) 노예 해방

바로의 압제에서 이스라엘 백성들을 해방시켰습니다.

(2) 소유권 회복

하나님의 약속하신 땅으로 들어가게 함으로써 기업을 회복시키셨습니다.

(3) 귀향길 열림

하나님께서 아브라함에게 약속하셨던 가나안 땅으로 이스라엘 백성을 귀향하는 일을 감당하게 되었습니다.

3) 예수 그리스도께서 이 땅에 오셔서 행하신 세 가지 큰일

(1) 노예 해방

우리를 사단의 종살이에서 해방시키셨습니다.

(2) 소유권 회복

성도는 하나님 나라의 백성으로서 하나님의 기업을 회복시켰습니다.

(3) 귀향길 열림

예수 그리스도를 구세주로 믿고 회개하여 주님을 따르는 모든 사람들에게 천국 본향으로 돌아갈 수 있는 길을 열어 주셨습니다.

라반을 만난 야곱은
회개하는 성도의 청사진

야곱은 형 에서의 발꿈치를 잡고 나왔다고 해서 그 이름을 야곱 곧 사기꾼이라 합니다.

야곱이 태에서부터 손이라도 형보다 먼저 나오고 싶었던 이유는 장자권에 대한 권한을 가지고 싶었기 때문입니다.

이 땅의 성도와 사단의 또 다른 싸움은 장자권의 싸움입니다.

전진 1기 : 장자권을 수여받는 때

육적으로 장자에게는 부모님의 유산 중에서 다른 형제들에 비해 두 배의 상속을 받는 소유권과, 가문의 계승권과, 신성한 권위를 행사하는 축복권을 이어받는데 아버지가 죽기 전에 장자에게 이 모든 권한을 그대로 물려줍니다.

영적으로 보면 모든 장자는 하나님의 소유로서 계시록 14장 1-4절에서는 구속을 받아 처음 익은 열매라고 합니다.

장자권을 가진 자로는 먼저 예수 그리스도가 하나님의 장자이시며, 그분에게 왕권과, 선지자권과, 제사장권이 기름 부어지셨고, 성령받은 성도들이 이 세대의 장자들입니다.

육적 장자권을 아버지 이삭으로부터 받은 야곱이 형 에서를 피하여 하란으로 도망가는 길에 날이 저물고, 깊은 밤 노중에서 한 돌을 베고 자고 있을 때, 만나 주신 하나님으로부터 영적 장자권의 축복을 받게 됩니다.

"또 본즉 여호와께서 그 위에 서서 이르시되 나는 여호와니 너의 조부 아브라함의 하나님이요 이삭의 하나님이라 네가 누워 있는 땅을 내가 너와 네 자손에게 주리니 네 자손이 땅의 티끌 같이 되어 네가 서쪽과 동쪽과 북쪽과 남쪽으로 퍼져나갈지며 땅의 모든 족속이 너와 네 자손으로 말미암아 복을 받으리라 내가 너와 함께 있어 네가 어디로 가든지 너를 지키며 너를 이끌어 이 땅으로 돌아오게 할지라 내가 네게 허락한 것을 다 이루기까지 너를 떠나지 아니하리라 하신지라"(창 28:13-15)

이 복된 약속을 받고 올려 드린 야곱의 기도는 광야의 훈련에 들어가

사단이 가장 싫어하는 복음

는 성도의 기도입니다.

"야곱이 서원하여 이르되 하나님이 나와 함께 계셔서 내가 가는
이 길에서 나를 지키시고 먹을 떡과 입을 옷을 주시어 내가 평안
히 아버지 집으로 돌아가게 하시오면 여호와께서 나의 하나님이
되실 것이요 내가 기둥으로 세운 이 돌이 하나님의 집이 될 것이
요 하나님께서 내게 주신 모든 것에서 십분의 일을 내가 반드시
하나님께 드리겠나이다 하였더라"(창 28:20-22)

하나님이 약속하신 말씀을 지켜주실 것을 요구하는 기도와 이 조건이
이루어지면 자신도 십의 일조로서 하나님의 아들로서의 약속을 이행하
겠다는 결단의 기도입니다.

야곱이 자신의 생명을 위협하는 형 에서로부터 지켜 달라는 보호를
요청한 것처럼 성도는 사단으로부터 하나님의 보호를 요청하는 기도를
드려야 합니다.

야곱이 의식주의 문제뿐만이 아니라 고향으로 돌아오기까지 인도하
시기를 요구한 것처럼 성도는 일용할 양식과 본향인 천국에 이르기까
지 그 길을 책임져 주시기를 요구하는 기도를 드려야 합니다.

야곱은 아버지와 형을 속여서 장자권을 빼앗고 축복기도까지 받아 냈
지만, 결국 이 일로 인하여 목숨을 노리는 형의 낯을 피하여 외삼촌 라
반 집으로 도망을 가게 됩니다.

전진 2기 : 외삼촌 라반의 머슴살이하는 때

야곱이 외삼촌 라반의 집으로 간 것은 야곱의 계획에는 없었던 일입
니다.

아버지 이삭으로부터 장자의 권한을 수여받는 순간부터 자신의 의지
와 상관없이 생명의 위협을 느끼는 전쟁이 시작됩니다.

라반의 이름은 흰빛이라는 뜻으로서 문둥병자라는 의미이며, 탐욕과
교만을 가진 죄의 사람이요, 라반은 사단의 모형입니다.

하나님은 또 한 사람의 야곱인 성도가 사단에게 빼앗겨 버렸던 장자
권을 찾는 비밀을 야곱을 통해서 보여 주십니다.

야곱이 훈련의 끝에 두 떼를 이루고 고향으로 돌아가는 광경이 마치
이스라엘 백성들이 430년의 종살이를 졸업할 때 애굽 사람들의 물품과
금은보석을 가지고 나온 것을 연상케 합니다.

광야의 훈련 중인 성도는 야곱이 20년 머슴살이를 어떻게 끝낼 수 있
었는지 그 비밀을 알아야 합니다.

야곱의 품삯을 열 번이나 바꿨던 탐욕과 교만의 사람 라반이 아버지
집으로 돌아가겠다는 그의 말에 새로운 품삯을 제안하며 협상을 합니다.

야곱은 라반이 생각지도 못한 제안으로서 짐승 떼 중에서 얼룩무늬

사단이 가장 싫어하는 복음

있는 것이 나오면 자기의 품삯이 될 것으로 합의를 합니다.

그 제안대로 협상은 이루어졌고 그때로부터 야곱이 양 떼를 치는 방법은 완전히 달라집니다.

그 달라진 것은 짐승이 물을 먹는 개천에서 나타났는데 바로 버드나무, 살구나무, 신풍나무에 껍질을 벗겨서 세우는 일입니다.

힘 있고 실한 양이 물을 마실 때는 껍질 벗긴 나무를 짐승들이 바라보도록 하며 그곳에서 새끼를 배도록 하였지만 약한 양이면 그 가지를 두지 않았습니다.

그 나뭇가지를 바라보고 새끼를 밴 양 떼는 그 나뭇가지처럼 얼룩이 무늬를 가지고 태어나며, 자동적으로 야곱의 소유가 되고 약한 양은 그 나뭇가지를 보지 않았기 때문에 원래의 흰색 그대로 태어나니 라반의 것이 됩니다.

힘 있고 실한 양이 물 마시는 개천에다 버드나무, 살구나무, 신풍나무의 껍질을 벗겨 세우고 그것을 바라보게 하며 그곳에서 새끼를 배게 한 것의 비밀은 이렇습니다.

물 마시는 개천은 말씀을 먹는 교회를 의미하며, 그곳에 껍질을 벗겨 세운 나무는 말씀을 먹고 속에 숨겨져 있는 죄를 밖으로 드러내는 야곱의 회개를 뜻합니다.

① 버드나무의 껍질을 벗겨 세우며 회개합니다.

"나는 목마른 자에게 물을 주며 마른 땅에 시내가 흐르게 하며 나의 영을 네 자손에게, 나의 복을 네 후손에게 부어 주리니 그들이 풀 가운데에서 솟아나기를 시냇가의 버들 같이 할 것이라"(사 44:3-4)

버드나무는 꺾어다가 물가에 심으면 다른 나무들보다 빠르게 뿌리를 내리고 반드시 물가에 심어야 살아나는 나무입니다.

이스라엘 백성들은 마지막 절기인 초막절 행사 때에 번 제단 남서쪽의 시냇가에서 꺾어온 물이 없으면 곧바로 말라 버리는 이 나무를 세우고 매일 한 바퀴씩 돌면서 기도문을 낭송할 때 사용했습니다.

"여호와 구하옵나니 이제 구원하소서 여호와여 우리가 구하옵나니 이제 형통하게 하소서"(시 118:25)

물이 없어 말라서 죽어 가는 이 나무를 바라보면서 호산나를 외치는 절규는 말씀을 떠난 버드나무 같은 인생들을 구원해 달라는 호소입니다.

야곱이 버드나무 껍질을 벗겨서 개천에 세우고 양 떼가 바라보면서 물을 마시게 했던 것은 말씀을 떠난 자신의 삶을 회개하면서 이제는 자신의 힘을 의지하지 않고 진리의 말씀의 능력으로 살겠다는 믿음을 보여 주는 것입니다.

사단이 가장 싫어하는 복음

② 살구나무 껍질을 벗겨 세우며 회개합니다.

"이튿날 모세가 증거의 장막에 들어가 본즉 레위 집을 위하여 낸
아론의 지팡이에 움이 돋고 순이 나고 꽃이 피어서 살구 열매가
열렸더라"(민 17:8)

성막의 금 촛대가 살구꽃 형상으로 만들어졌으며, 아론의 싹난 지팡
이가 이 나무였습니다.

살구나무는 고난과 역경을 상징하는 기나긴 겨울을 잘 견디고 이른
봄에 가장 먼저 꽃망울을 터트리는 나무로서 파수꾼이 깨어서 지킨다
라는 의미를 가지고 있습니다.

금 촛대의 형상이 살구꽃으로 만들어진 것은 성막안의 유일한 불빛인
이 불이 꺼지면 성막 안은 흑암으로 덮이게 되며 제사장은 항상 깨어서
이 불이 꺼지지 않도록 지키는 파수꾼의 사명을 감당해야 한다는 것을
의미합니다.

성막 안에는 이 불이 꺼지거나 다른 불빛이 들어오면 제사장은 죽임
을 받습니다.

야곱이 살구나무 껍질을 벗겨 세운 것은 자신이 성령으로 깨어 있지
못함으로 인하여서 원수가 들어오는 대문이 열렸고, 자신의 소유가 도
적질당하고, 죽임당하고, 멸망의 길로 가고 있다는 것을 깨닫지 못하여
서 원수의 조롱거리가 되고, 비참한 상태에 이른 것을 돌이키며 회개했

던 것입니다.

야곱은 외삼촌 라반에게 착취당하고 사기 당하고 살아왔기 때문에 원수를 멸하시는 진리의 성령이 아니면 안 된다는 것을 깨닫고 성령의 능력으로 원수가 들어오지 못하도록 깨어서 지키며, 파수꾼의 삶으로 돌이키겠다는 결단을 보여 준 것입니다.

이 시대의 성도들도 어떤 고난과 역경 속에서도 살구나무와 같이 영으로 깨어 있어야 하며, 생명의 꽃을 피울 준비된 성령의 사람이 되어야 합니다.

③ 신풍나무 껍질을 벗겨 세우며 회개합니다.

"하나님의 동산의 백향목이 능히 그를 가리지 못하며 잣나무가 그 굵은 가지만 못하며 단풍나무가 그 가는 가지만 못하며 하나님의 동산의 어떤 나무도 그 아름다운 모양과 같지 못하였도다"(겔 31:8)

신풍나무는 매년 줄기의 껍질을 벗으며 버즘이 핀 것처럼 얼룩얼룩하여서 버즘나무라고도 합니다.

신풍나무는 물가에 심겨져서 그 가지가 길게 자라고 풍성하며, 키가 커서 모든 새들이 깃들이게 하며 나그네에게는 그늘이 되어 주는 나무

사단이 가장 싫어하는 복음

입니다.

이 나무는 주님 안에서 공급되어지는 말씀과 성령에 뿌리를 내리고 자라는 성도가 날마다 말씀을 따라서 변화되는 삶을 살고 믿음이 장성하여 수많은 사람들에게 위로와 평안을 주는 아름다운 영향력을 끼치는 것을 의미합니다.

야곱은 말씀과 성령을 떠난 현재의 삶이 거듭나지 못한 삶이며, 다른 사람에게 아름다운 영향력을 끼치는 것보다 자신의 육신적인 안일을 위한 문제에 묶여서 다른 사람에게 위로와 쉼을 줄 수 없는 삶을 회개했던 것입니다.

전진 3기 : 야곱이 이스라엘이 되는 때

야곱의 인생의 마지막 3기는 머슴살이에서 벗어나서 고향 땅 가나안으로 가는 여정입니다.

하란에서 20년 머슴살이하는 광야생활을 졸업하고 고향을 향해 가는 야곱 앞에 얍복강의 씨름이 남아 있었습니다.

이것은 마치 성도가 가나안으로 들어가기 위해서는 반드시 요단강에서 자아가 죽고 그리스도의 영을 받는 것과 같은 것입니다.

이 강에서 밤이 새도록 천사와 목숨을 건 씨름을 하고 받아낸 이름이 이스라엘이며, 성도의 또 다른 이름도 이스라엘입니다.

야곱은 그때의 씨름으로 환도뼈가 위골되고 지팡이를 손에서 놓고는 걸을 수 없는 인생이 됩니다.

야곱이 손에든 지팡이는 만왕의 왕이신 하나님을 의지하고 사는 인생이 되었다는 것을 나타냅니다.

"야곱이 밧단아람에서 돌아오매 하나님이 다시 야곱에게 나타나사 그에게 복을 주시고 하나님이 그에게 이르시되 네 이름이 야곱이지마는 네 이름을 다시는 야곱이라 부르지 않겠고 이스라엘이 네 이름이 되리라 하시고 그가 그의 이름을 이스라엘이라 부르시고 하나님이 그에게 이르시되 나는 전능한 하나님이라 생육하며 번성하라 한 백성과 백성들의 총회가 네게서 나오고 왕들이 네 허리에서 나오리라 내가 아브라함과 이삭에게 준 땅을 네게 주고 내가 네 후손에게도 그 땅을 주리라 하시고"(창 35:9-12)

사단이 가장 싫어하는 복음

성령받은 성도들이 할 일

먼저 사단이 지배하는 죄악 된 세상의 삶을 버리고 광야교회를 통해 예수님처럼 온유해지고 겸손한 영의 사람이 되어야 합니다.

그리고 길도, 물도, 양식도 없는 광야 같은 이 세상에서 오직 말씀과 성령의 인도를 받으며 하나님의 뜻을 이루기를 원하는 백성으로 만들어져야 합니다.

또한 육으로는 연약해 보일지라도 위로부터 오는 능력을 받음으로 사단의 압제에서 영혼을 구원하며, 사단이 강탈한 모든 소유권을 회복하고, 천국으로 영혼을 인도하는 하나님이 쓰시는 일꾼으로 만들어져야 할 것입니다.

이 광야는 하나님의 임재와 통치로 이루어지는 하나님의 나라가 되고 하나님의 뜻이 무엇인지를 깨닫고 그 일을 위하여 헌신할 군사들을 훈련시키는 곳이며, 구름기둥인 말씀과 불기둥인 성령으로 길들여지도록 훈련하는 곳입니다.

⊷⊶ 광야 훈련학교에서의 기도 ⊷⊶

살아 계신 하나님 아버지, 감사를 드립니다.
광야 훈련학교를 통하여 하나님의 저에 대한 불같은 사랑을 알게 하심을 진심으로 감사를 드립니다.

저를 죄악 가운데 빠뜨린 사단의 정체를 알게 하신 주님.
저의 연약함으로 인한 교만과 탐욕을 주님께 내어 드리오니 주님의 성령으로 채워 주시옵소서.

주님의 임재로 저의 삶을 통하여 사단의 머리는 깨어지게 하시고 저를 향하신 주님의 뜻이 하늘에서 이룬 것같이 이 땅에서 이루어지게 하시옵소서.

항상 하나님의 말씀과 성령이 저의 생각과 사상과 감정과 의지를 이겨 주시고 예수 그리스도의 거룩하신 피의 생명을 가진 자로서의 삶을 살게 하시옵소서.

40년 광야생활을 통하여 모세의 삶을 바꾸어 주셨던 주님.
화목에나 소용될 가시나무 같은 저에게 꺼지지 않는 불로 임하셔서 주님의 예비하신 길을 걸어가게 하시옵소서.

감사를 드리며 다시 오실 나사렛 예수 그리스도의 이름으로 기도드립니다.

아멘

인생이 건너야 하는
두 번째 강, 요단

자아가 죽고
그리스도의 영으로 기름부음을 받는 강

요단강은 성도 자신의 자아가 죽고, 하나님의 뜻이 이루어지며 하나님과 연합이 이루어지도록 진리의 영이 임하는 강입니다

진리의 영이 임하면 죄에 대하여, 의에 대하여, 심판에 대하여 알게 되고 두드러지게 나타나는 현상은 하나님을 사랑하게 되고, 하나님의 뜻을 위하여 목숨을 버리기까지 헌신하게 되며, 사단과 그 일에 대하여는 적개심을 가지고 그 일을 멸하는 자가 됩니다.

진리란 무엇인가?

성경에서 말하는 진리란 사단의 거짓말에 대한 하나님의 엄중한 선언입니다.

사단은 누구든지 신이 될 수 있다고 했습니다. 그 말에 대하여 하나님은 "나 외에는 다른 신이 없다"고 하셨습니다.

"땅의 모든 끝이여 내게로 돌이켜 구원을 받으라 나는 하나님이라 다른 이가 없느니라"(사 45:22)

사단은 신이 되려고 해도 심판 같은 것은 없다고 했고, 하나님은 단호히 누구든지 신이 되려고 하면 반드시 심판을 받는다고 하셨습니다.

"오직 여호와는 참 하나님이시요 살아 계신 하나님이시요 영원한 왕이시요 그 진노하심에 땅이 진동하며 그 분노하심을 이방이 능히 당치 못하느니라 너희는 이같이 그들에게 이르기를 천지를 짓지 아니한 신들은 땅 위에서, 이 하늘 아래에서 망하리라 하라"(렘 10:10-11)

성도가 하나님으로부터 구원받고 성령 받은 목적은 엄밀히 말하면 하나님께 도전하고 반역한 사단의 악행과 인간의 모든 것을 도적질하고 죽이고 멸망시킨 죄를 낱낱이 드러내고 심판하기 위해서입니다.

성경에서 진리를 한마디로 함축한 것이 출애굽기 3장 14절 말씀입니다.

"하나님이 모세에게 이르시되 나는 스스로 있는 자니라 또 이르시되 너는 이스라엘 자손에게 이같이 이르기를 스스로 있는 자가 나를 너희에게 보내셨다 하라"(출 3:14)

세상임금의 모형인 애굽의 바로 왕에게로 보냄을 받은 모세가 자신을 보내시는 분의 이름이 무엇인지를 여쭈었을 때, 하나님은 자신의 이름을 "나는 스스로 있는 자니라"고 하셨습니다.

여호와 즉 야훼라고 하나님 자신의 이름을 밝히셨는데 거기에는 사단의 거짓말에 대한 하나님의 대답이 들어 있습니다.

사단은 창세기 3장 4절로 5절에서 하와를 유혹할 때 창세기 2장 17절에서 명령하신 "선악을 알게 하는 나무의 실과는 먹지 말라 네가 먹는 날에는 정녕 죽으리라"는 명령을 어기도록 지상 최대의 거짓말로 유혹했으며 하나님이 창조하신 인간이 불순종으로 범죄하고 죽음에 이르게 할 뿐만 아니라 하나님의 말씀을 정면으로 도전하는 죄를 범하게 했습니다.

사단이 이렇게 했던 이유는 영원세계에서 하나님의 보좌를 찬탈하려다가 땅으로 쫓겨난 자신과 같이 인간도 동일한 죄를 범하여서 자신이 받는 영벌 속으로 인간을 끌고 가려는 것과 하나님이 인간을 창조하시고 인간에게 주신 생육하고 번성하고 충만하며 정복하고 다스리는 복과 모든 권세를 빼앗아서 자신이 그 복과 권세를 누리려는 간교함 때문입니다.

아담과 하와가 선악과를 먹음으로써 생육하고 번성하고 충만한 복을 빼앗겨 버렸고 정복하고 다스리는 선지자권과, 제사장권과, 왕권을 모두 빼앗김으로 사단의 종이 되어 살게 된 것입니다.

그러므로 예수 그리스도께서 이 땅에 오셔서 사단에게 빼앗긴 복과 모든 권세를 회복시키시며 천국으로 갈 수 있는 구원을 받는 길을 십자가와 예수 그리스도의 피를 통해서 열어 주셨습니다.
또한 예수님이 세상 죄를 지시고 요단강에 들어가심으로 장차 성도가 육의 사람에 대하여는 죽고 영의 사람인 하나님의 아들이 되고 그리스도가 되는 길을 직접 보여 주셨습니다.

　예수님은 이 사건으로 하나님의 아들이 살아야 하는 샘플이 되어 주시고 성도들이 따라갈 수 있는 길을 열어 놓으셨습니다.

　아브라함이 받았던 할례 사건과 예수님이 세상 죄를 지시고 요단강에 들어가는 사건은 같은 일로서 우리 인생에 있어서는 이 두 사건이 영과 육의 갈림길이요 천국과 지옥의 갈림길이기도 합니다.

　구약에서 믿음의 조상인 아브라함은 할례를 받은 후에 대적의 문을 취할 길을 여는 아들로서 이삭을 선물로 받았습니다.

　신약에서는 예수님이 세상 죄를 지시고 요단강에서 세례를 받으시고 물에서 올라오실 때 하나님의 음성이 말씀하시길 이는 내 사랑하는 아들이요 내 기뻐하는 자라고 하시는 음성을 들었습니다.

　이 사건은 대적의 문을 취할 진리의 성령이 예수님에게 임하심으로 하나님의 아들이 되는 사건이며, 성령의 기름 부으심을 받는 것은 하나님의 뜻을 이루실 사역의 위임과 그 일을 위한 능력을 받고 직임을 받는 것입니다.

예수님이 지고 가신 세상 죄

예수님이 지고가신 세상 죄는 마태복음 4장 1절로 11절에 나오는 세 가지의 마귀의 시험을 통해서 유추해 볼 수 있습니다.

세상 죄란 성도가 거듭났다 할지라도 마귀의 유혹을 받고 옛사람의 삶의 방식대로 육의 속성을 가지고 살면 하나님과 원수가 되는 죄들로서 다음과 같습니다.

"만일 하나님의 아들이어든 명하여 이 돌들로 떡덩이가 되게 하라"(마 4:3)

이 시험은 40일을 금식하신 예수님에게 하였던 사단의 유혹으로써 예수님에게 육의 목숨을 위하여 살 것을 요구하는 것입니다.

이 유혹에 대한 예수님의 대답은 사람은 떡으로만 살 것이 아니요 하나님의 입으로 나오는 모든 말씀으로 살 것이라고 하심으로 그리스도가 된 영의 사람은 영의 양식을 먹는 것이 우선인 것을 말씀하셨습니다.

"거룩한 성으로 데려다가 성전 꼭대기에 세우고 이르되 네가 만일 하나님의 아들이어든 뛰어내리라 기록되었으되 그가 너를 위하여 그의 사자들을 명하시리니 그들이 손으로 너를 받들어 발이 돌에 부딪히지 않게 하리로다"(마 4:5~6)

사단이 영원세계에서 자기의 지위를 떠나서 하나님의 보좌를 찬탈하려 했던 그대로 하나님의 아들 되신 예수님께 하나님을 반역하라는 유혹입니다.

이 시험에 대한 예수님의 대답은 주 너의 하나님을 시험하지 말라고 하심으로 하나님의 아들인 영의 사람은 철저하게 자기에게 명하신 지위를 지키는 삶을 사는 자라는 것을 말씀하셨습니다.

"지극히 높은 산으로 가서 천하만국과 그 영광을 보여 이르되 만일 내게 엎드려 경배하면 이 모든 것을 네게 주리라"(마 4:8~9)

이 시험에 대한 예수님의 대답은 경배의 대상은 오직 유일하시고 참 신이신 하나님 한 분이시며, 하나님의 아들의 삶에 대한 길과 신앙을 보

사단이 가장 싫어하는 복음

여 줄 때 시험하는 자 마귀는 떠나가고 하늘로부터 천사들이 와서 돕는 역사가 시작되었습니다.

모든 성도는 요단에서 세상 죄에 대하여 죽는 세례를 받아야 합니다.

세례란 씻는다는 의미도 있지만 죽음을 의미하기도 합니다. 옛사람의 죽음은 사단과의 결속이 완전히 끊어지는 것이며, 하나님과 연합이 이루어지는 것입니다.

그리스도가 된 영의 사람인 하나님의 아들들은 영의 양식으로 영혼을 채우고, 자기의 지위를 분명하게 지키고 탐욕을 버린 삶으로 오직 하나님 한 분을 경배하는 자들입니다.

이런 삶이 요단에서 하나님의 아들로 인정받는 또 하나의 그리스도들의 삶입니다.

성도는 자신의 속에 숨어 있는 거짓의 아비인 사단의 머리에서 나오는 유혹을 단호하게 물리치고 생각도, 사상도, 감정도, 의지도 하나님과 하나 되는 연합으로 거짓의 아비요 죄의 원흉이며 가짜 왕인 사단을 정복하고 심판하는 삶을 사는 하나님의 비밀병기입니다. 이 비밀이 세례에 있습니다.

구약에서 소개하는 인물들 중에 마귀에게서 벗어나서 마귀의 머리를 깨뜨리고 그 일들을 진멸시킨 영적 거장들이 있습니다.

마귀의 머리를 깨뜨린 영적 거장들

첫 번째 인물로는 모세입니다.

모세는 바로의 궁중에서 철저하게 강자로서의 삶을 훈련 받았고 강자
가 되어야만 한다는 40년간의 훈련의 결과 애굽 사람을 쳐 죽인 살인자
가 됩니다.

이 실패는 성도가 세상에서 받은 교육으로 인해 강자처럼 흉내 내려
고 하였던 결과입니다.

하나님은 인간이 가지고 있는 강자로서의 힘이 필요치 않습니다. 육
의 강함은 다른 사람을 억압하고 고통을 주며 자신이 하나님의 자리를
찬탈하려고 하였던 사단에게서 나온 것으로서 하나님을 거역하는 죄입
니다.

모세의 40년 광야 훈련의 졸업이 바로 신을 벗는 것이었는데 40년 훈련의 끝자락에 모세를 만난 하나님은 단호하게 신을 벗으라고 명령하십니다.

신을 벗으라는 것은 하나님을 만난 자리에서 육의 삶을 끝내라고 하시는 육의 죽음을 의미하는 것이며, 영의 사람으로서 너는 나의 종이라고 하시는 하나님의 선언이십니다.

명령에 순종한 모세는 바로와 그 군대를 홍해강에 묻어 버리는 하나님의 대리 심판자의 역할을 감당했습니다.

또한 이백만 명의 이스라엘 백성들을 광야로 이끌고 나와서 40년간을 그들과 함께한 영적 지도자로서 하나님의 말씀에 길들여진 온유한 사람입니다.

두 번째 인물로는 요나입니다.

요나는 니느웨성의 좌우를 분별하지 못하는 십이만여 명에게 보냄을 받은 사람입니다.

요나의 이름의 뜻은 비둘기로서 자기의 경험이나 생각 사상 감정 의지 상처 등 자기애와 완고하게 자기의 틀을 깨뜨리지 않으려고 하는 고집불통을 말합니다.

내면이 너무 강하고 단단하여서 하나님의 말씀과 뜻을 잘 받아들이지 못하는 성향으로 상대방을 이해하거나 용서하는 것을 어려워하는 경우입니다.

요나는 니느웨성으로 가서 그들의 악독이 하나님 앞에 상달되었다고 외치고 회개를 촉구하라는 명령을 받은 후에 이스라엘을 괴롭힌 그들이 회개하고 하나님의 긍휼을 입는 것이 마음에 용납이 되지 않아서 다시스로 가는 배를 탑니다.

하나님은 도망가는 요나를 스올의 배 속에 삼 일 동안 가두어 두시고 그의 경험을 통한 용서하지 못하는 생각과 감정과 사상과 의지를 버리게 하신 후에 다시 니느웨로 가서 복음을 전하게 하십니다.

옛사람의 죽음을 경험한 요나의 니느웨성이 곧 무너질 것이라고 외치는 소리에 니느웨성에서는 왕으로부터 짐승 떼까지 금식을 선포하고 돌이키는 생명의 역사가 일어났습니다.

다른 사람을 위협하는 강함과 자기 자신을 괴롭히는 고집을 버리는 것이 곧 옛사람이 죽는 것이며, 이 죽음이 자아의 죽음이요, 사단이 받을 저주에서 끊어지는 세례를 받는 것입니다.

세상의 방식대로 배우고 익힌 강자의 자세를 죽이는 것도, 상처나 경험을 통해서 형성된 돌덩어리 같은 고집도 요단에서 장례를 치러야 할 옛사람입니다.

세 번째 인물로는 엘리사입니다.

엘리사는 구약에서 복의 근원의 개념을 이해하고 그 삶을 살아 낸 사람입니다.

"여호와께서 회오리 바람으로 엘리야를 하늘로 올리고자 하실 때에 엘리야가 엘리사와 더불어 길갈에서 나가더니 엘리야가 엘리사에게 이르되 청하건대 너는 여기 머물라 여호와께서 나를 벧엘로 보내시느니라 하니 엘리사가 이르되 여호와께서 살아 계심과 당신의 영혼이 살아 있음을 두고 맹세하노니 내가 당신을 떠나지 아니하겠나이다 하는지라 이에 두 사람이 벧엘로 내려가니 벧엘에 있는 선지자의 제자들이 엘리사에게로 나아와 그에게 이르되 여호와께서 오늘 당신의 선생을 당신의 머리 위로 데려 가실 줄을 아시나이까 하니 이르되 나도 또한 아노니 너희는 잠잠하라 하니라 엘리야가 그에게 이르되 엘리사야 청하건대 너는 여기 머물라 여호와께서 나를 여리고로 보내시느니라 엘리사가 이르되 여호와께서 살아 계심과 당신의 영혼이 살아 있음을 두고 맹세하노니 내가 당신을 떠나지 아니하겠나이다 하니라 그들이 여리고에 이르매 여리고에 있는 선지자의 제자들이 엘리사에게 나아와 이르되 여호와께서 오늘 당신의 선생을 당신의 머리 위로 데려가실 줄을 아시나이까 하니 엘리사가 이르되 나도 아노니 너희는 잠잠하라 엘리야가 또 엘리사에게 이르되 청하건대 너는 여기 머물라 여호와께서 나를 요단으로 보내시느니라 하니 그가 이르되 여호와께서 살아 계심과 당신의 영혼이 살아 있음을 두고 맹세하노니 내가 당신을 떠나지 아니하겠나이다 하는지라 이에 두 사람이 가니라 선지자의 제자 오십 명이 가서 멀리서서 바라보매 그 두 사람이 요단 가에 서 있더니 엘리야가 겉옷을 가지고 말아 물을 치매 물이 이리 저리 갈라지고 두 사람이 마른 땅 위로 건너더라 건너매 엘리야가 엘리사에게 이르되 나를 네게서 데려감을 당하기 전에 내가 네게 어떻게 할지를 구하라 엘리사가 이르되 당신의 성령이 하시는 역사가 갑절이나 내게 있게 하소서 하는지라 이르되 네가 어려운 일을 구하는 도다 그러나 나를 네게서 데려가시는 것을 네가 보면 그 일이 네게 이루어지려니와 그렇지 아니하면 이루어지지 아니하리라 하고 두 사람이 길을 가며 말하더니 불수레와 불말들이 두 사람을 갈라놓고 엘리야가 회오리 바람으로 하늘로 올라가더라 엘리사가 보고 소리 지르되 내 아버지여 내 아버지여 이스라엘의 병거와 그 마병이여 하더니 다시 보이지 아니하는지라 이에 엘리사가 자기의 옷을 잡아 둘로 찢고 엘리야의 몸에서 떨어진 겉옷을 주워 가지고 돌아와 요단 언덕에 서서 엘리야의 몸에서 떨어진 그의 겉옷을 가지고 물을 치며 이르되 엘리야의 하나님 여호와는 어디 계시니이까 하고 그도 물을 치매 물이 이리 저리 갈라지고 엘리사가 건너니라"(왕하 2:1-14)

선생님이신 엘리야 선지자와 제자인 엘리사의 마지막 동행의 여정을 통해서 이 시대를 승리하는 삶으로 살기 위해서 보아야 하는 것이 무엇인지 구해야 하는 것이 무엇인지를 보여 주는 비밀이 숨겨져 있습니다.

엘리야와 엘리사에게 배우는
영적 거장이 되는 길

엘리사는 옛사람이 요단에서 죽고, 그곳에서 그리스도의 영을 받은 사람의 강력한 사역의 현장을 보여 줍니다.

두 사람의 출발지, 길갈

길갈은 굴러갔다는 뜻으로서 세 가지가 굴러감으로 끝났다는 것을 의미합니다.

길갈은 종살이가 끝났다는 사인이며, 거짓의 아비 사단과 함께 받을 저주가 끝났다는 것이며, 가시와 엉겅퀴로 묶인 땅의 저주가 풀어지고 끝났다는 것입니다.

성도는 엘리사의 가는 길을 따라가면서 엘리사가 보는 눈을 가지며,

엘리사가 품었던 소원을 품고, 하나님의 아들의 삶과, 예수 그리스도의 제자로서의 삶을 살아야 그 묶임이 풀립니다.

엘리사 시대에도 벧엘과 여리고에 선지자의 생도들이 있었지만 하나님의 부르신 목적을 깨닫고 그 뜻을 이루어 드린 사람은 단 한 사람 엘리사뿐입니다.

그다음 장소, 벧엘

벧엘은 하나님의 집, 곧 떡집으로 교회를 의미합니다. 이곳에서 엘리야 선생님이 제자 엘리사에게 스스로 보고 깨닫기 원하는 것이 있었습니다.

벧엘은 이전에 야곱이 하나님을 만났던 기적의 장소요, 축복의 장소이며 다른 사람의 발뒤꿈치를 상하게 하는 사단의 종이요, 사기꾼인 야곱이 하나님의 아들 이스라엘이 되었던 곳입니다.

영광으로 충만했던 하나님의 집에서 엘리야와 엘리사가 보았던 것은 금송아지 우상으로서 물질의 강력한 신 바알이 하나님 자리에 올라가 있는 타락한 현실입니다.

당시 북 이스라엘의 왕인 여로보암이 자기가 통치하는 열 지파들이 남쪽 유다 예루살렘으로 예배하러 가면 백성들을 빼앗길 것을 염려하여 세운 금송아지 우상이 세워졌던 것입니다.

그로 인해 벧엘은 이스라엘의 우상종교의 중심지가 되어 버렸고, 더이상 하나님의 집이 아니며, 우상의 집으로서 사단의 보좌가 있었던 것입니다.

두 사람이 보았던 벧엘의 현실은 교회가 물질만능의 하나님을 찾는 금송아지 신앙으로 변질되었고, 세상의 필요를 위해서 예배하고 땅의 복을 구하는 우상의 제단이 되어 버린 것이었습니다.

엘리사는 이 광경을 보면서 또 한 가지 자신의 무능을 봅니다. 자신의 현재의 능력으로는 맘몬신이 장악한 벧엘을, 다시 하나님의 임재가 충만한 하나님의 집으로 되돌려 놓을 수 없는 자신의 능력의 부족함을 본 것입니다.

엘리야 선생님이 이곳에 머물러 있으라 하여도 마음의 결단은 위로부터 오는 능력을 받기 전에는 그럴 수 없다고 했던 이유가 거기에 있습니다.

하나님의 사람들에게는 다른 그 어떤 것보다 하나님의 불이 필요합니다. 인간의 힘으로는 하나님의 영광의 임재를 교회 안으로 되돌릴 수 없는 것을 알기에 하나님의 약속하신 능력이 위에서부터 임하시길 간구하는 것입니다.

인간의 무능을 묻어 버리고 연약함을 덮어 버릴 나사렛 예수 그리스도의 이름으로 부어질 하나님의 불을 구한다는 것입니다.

엘리사를 멈추게 할 수 없었던 불을 위한 갈망, 갑절의 영감이 이 시대 성도들에게 부어지기를 쉬지 않고 구하여서 응답받는 능력의 사람들이 되시길 바랍니다.

세 번째 장소, 여리고

여리고는 달의 성읍, 종려의 성읍, 향기라는 뜻을 가진 도시입니다.

여호수아 시대 때 이스라엘이 하나님의 지시를 받고 순종하며 여리고 작전을 수행함으로써 무너져 내렸던 기적의 현장이요, 승리의 현장입니다.

하나님의 역사의 현장이었던 이 성읍은 영적 생명력을 잃어버린 곳이 되었습니다.

엘리야와 엘리사가 함께 방문한 현재의 여리고는 강단에서 진리의 말씀이 선포되지 않음으로 영적으로 죽어 있는 신앙의 현주소를 보여 주는 곳입니다.

> "그 성읍 사람들이 엘리사에게 말하되 우리 주인께서 보시는 바와 같이 이 성읍의 위치는 좋으나 물이 나쁘므로 토산이 익지 못하고 떨어지나이다"(왕하 2:19)

> "사데 교회의 사자에게 편지하라 하나님의 일곱 영과 일곱별을 가지신 이가 이르시되 내가 네 행위를 아노니 네가 살았다 하는 이름은 가졌으나 죽은 자로다"(계 3:1)

여리고에 있는 선지자 생도들도 벧엘의 그들처럼 엘리야가 하늘로 올라가게 될 것을 알고 있습니다.

사단이 가장 싫어하는 복음

그들은 다음 세대의 영적 주자로서 무엇을 구해야 할지 알지 못하고 머물러 있었다는 것입니다.

여리고 에서 엘리사가 본 것은 메마르고 형식화된 예배였으며, 영혼을 살려내는 생명수 같은 말씀이 강단에 흐르지 못하는 것과 또 한 가지 자신의 무지였습니다.

자신이 가지고 있는 말씀의 능력으로는 죽어 버리고 메말라버린 영혼들을 구원할 수 없다는 것을 보았던 것입니다.

이곳에서도 가슴에 소원을 품은 엘리사는 여기 머물러 있으라는 스승의 말을 들을 수 없었습니다.

마지막 장소, 요단

이스라엘 백성들이 40년간의 오랜 방황을 마치고 가나안 입성을 위한 마지막 관문을 통과하는 곳이 바로 요단입니다.

요단에서 이스라엘 백성들은 자신들의 죽음을 선언하는 돌을 묻음으로 자아의 장례를 치렀습니다.

요단은 하나님의 아들로서 죄와 거짓을 깨뜨리고 싶은 마음이 불같이 일어난 불의 강입니다.

제자 엘리사가 선생님을 따라서 끝까지 이곳까지 오게 된 이유는 바로 여기에 있습니다.

자신의 자아에서 나온 무능과 무지가 하나님의 능력과 하나님의 지혜로 바뀌어지기 위해서는 이스라엘 백성들이 경험한 육의 사람의 죽음과 영의 사람으로의 능력부활을 경험하며, 전쟁의 영인 진리의 영을 받아야 한다는 것을 깨달았기 때문입니다.

자아의 죽음을 통과한 사람은 생육하고 번성하며 충만하여 땅을 정복하고 다스리는 그리스도의 영이 임한 사람이며, 하나님의 나라와 그의 뜻을 이루어 드리는 자가 됩니다.

엘리야의 능력의 갑절의 영감을 받은 엘리사의 사역을 통하여 마지막 때를 살아가는 성도님들에게도 도전이 되기를 바랍니다.
무능과 무지의 옷을 벗고 일곱 뿔의 권세와 일곱 눈의 통찰력으로 무장되기를 진신으로 간구하셔야 합니다.

불 말과 불 병거를 타고 하늘로 올라간 엘리야의 겉옷을 취한 엘리사는 자기의 옷을 찢어 벗어 버리고 엘리야에게서 떨어진 겉옷을 가지고 요단강물을 치는 것으로 능력 사역을 시작합니다.
엘리야에게서 떨어진 겉옷은 하나님의 능력의 임재를 상징하며 엘리야의 능력의 갑절을 구했으니 믿음으로 담대하게 요단강물을 치며 외칩니다.

"엘리야의 하나님 여호와는 어디 계시니이까"(왕하 2:14)

사단이 가장 싫어하는 복음

하고 물을 치니 물이 이리저리 갈라지고 요단강을 건넜습니다.

요단강을 건넌 후에 엘리사에게 갑절의 능력이 임한 증거가 나타납니다.

여리고로 돌아가니 그 성 사람들이 엘리사에게 말합니다.

"우리 주인께서 보시는 바와 같이 이 성읍의 위치는 좋으나 물이
나쁘므로 토산이 익지 못하고 떨어지나이다"(왕하 2:19)

엘리사가 머뭇거리지 않고 새 그릇에 소금을 담아 가져오라고 하여
물 근원으로 나아가서 소금을 던지며 여호와의 말씀이 이 물을 고쳤으
니 다시는 죽음이나 토산이 익지 않고 떨어지는 일이 없을 것이라고 담
대하게 선포합니다.

"엘리사가 이르되 새 그릇에 소금을 담아 내게로 가져오라 하매
곧 가져온지라 엘리사가 물 근원으로 나아가서 소금을 그 가운데
에 던지며 이르되 여호와의 말씀이 내가 이 물을 고쳤으니 이로
부터 다시는 죽음이나 열매 맺지 못함이 없을지니라 하셨느니라
하니 그 물이 엘리사가 한 말과 같이 고쳐져서 오늘에 이르렀더
라"(왕하 2:20-22)

여리고에서 토산이 열매 맺지 못하고 떨어지는 이유가 성읍의 위치는

아름다우나 물이 좋지 못한 것이라고 하며 엘리사에게 물 근원을 고쳐 주기를 원했습니다.

이 상황이 여리고에 사는 사람들의 마음 밭의 상태는 하나님을 향하여 열려 있으나 강단에서 나오는 말씀이 영혼을 살리고 길러내고 장성하도록 성장시킬 만한 영적 힘이 없는 인본주의적이며 땅의 것을 추구하는 어린아이에게 먹이는 양식 때문이라는 것입니다.

성도가 영적으로 갈급하고, 만족이 없고, 힘없는 그리스도인들이 되어 버린 것은 강단에서 흘러나오는 말씀이 군인들이 먹는 단단한 식물인 진리의 말씀이 아니라 어린아이들이 먹는 은혜의 복음에 취하여 있기 때문입니다.

여리고성의 백성들처럼 우리도 물 근원을 고쳐 주시옵소서라고 부르짖어야 합니다.

영의 양식인 말씀을 전하는 강단인 물 근원을 고치기 위해서는 두 가지가 필요합니다.

여리고성의 사망을 고치기 위해 필요한 첫 번째 것은 새 그릇입니다.

새 그릇이란? 하나님을 거역하고 알지 못하는 무능하고 무지한 옛사람이 요단에서 죽고 그리스도로 거듭난 사람을 말합니다.

육적 신자인 영적 어린아이는 죽고 영적인 하나님의 아들이 된 장성한 자로서 사단의 거짓말을 분별하고 깨뜨리며 사단의 죄를 거절하고

사단이 가장 싫어하는 복음

끌어내림으로 그 압제를 끝장낼 수 있는 직임을 받은 정복자가 되고 다스리는 자가 된 사람이 새 그릇이라는 것입니다.

새 그릇은 육을 위한, 육에 의한, 육에서 나온 목적이 죽고 하나님을 위한, 하나님에 의해서 만들어진, 하나님의 뜻을 이루기 위해서 존재하는 그릇입니다.

아브라함에게 두 아들이 있었습니다. 첫 번째 난 아들 이스마엘은 육을 위한 아들로서 아브라함 자신을 위하여 아브라함의 계획대로 아브라함이 만든 아들입니다.

두 번째 아들 이삭은 영을 위한 아들로서 하나님 자신을 위하여 하나님의 계획에 의해서 하나님이 주신 아들입니다.

하나님의 뜻대로 태어난 이삭은 예수님이 오시는 통로로서 사명을 감당하며 순종하는 하나님의 아들의 삶을 보여 주는 그릇입니다.

육의 그릇 이스마엘은 이삭과 그 가문과 믿음의 사람들에게 고통과 아픔을 주는 가시이며 슬픔입니다.

여리고성의 사망을 고치기 위해 필요한 두 번째 것은 소금입니다.

소금이란? 소금 같은 진리의 말씀을 의미합니다.

말씀을 그릇에 담아서 물에 던질 수가 없으니까 영원히 일점일획도

변하지 않는 말씀을 상징하는 소금으로서 말씀을 대신하였던 것입니다.

하나님께로부터 오시는 말씀은 능력 그 자체로서 우리의 심령의 땅을 고치시는 생명의 약입니다.

"대저 하나님의 모든 말씀은 능하지 못하심이 없느니라"(눅 1:37)

엘리사가 소금을 던지며 말하기를 여호와의 말씀이 내가 이 물을 고쳤다고 하였던 것은 소금 같은 역할을 하는 하나님의 진리의 말씀이 선포되게 하여 영혼으로 천국에 입성하기까지 승리케 한다는 것입니다.

하나님의 말씀은 능치 못하심이 없으신데, 특히 크게 세 가지 역할을 통해서 모든 일을 이루십니다. 그것은 곧 소금의 세 가지 역할과 같습니다.

→ 소금은 상처의 치료제 역할을 하는 힘이 있습니다.
→ 소금은 들어가는 모든 음식에 그 본연의 맛을 나게 하는 힘
  이 있습니다.
→ 소금은 부패를 막는 힘이 있습니다.

소금과 같이 변질되지 않은 영원한 복음을 먹은 성도들은 다시 세상으로 나가서 썩어 없어질 것을 추구하지 않게 됩니다.

성도를 세상으로 다시 되돌아가지 않게 하는 힘은 진리의 말씀을 먹는 데서 시작됩니다.

진리의 말씀으로 무장하여 그리스도의 삶을 사는 사람이 선포하는 진리의 말씀은 죽어 가는 영혼들을 살릴 수 있는 생명을 구원할 능력이 됩니다.

엘리사는 이 사실을 알았기 때문에 요단에서 진리에 대하여 무지한 옛사람의 죽음을 맞이하고 하나님의 말씀을 담아내는 생명력이 넘치는 새 그릇이 되었고, 치료하고 맛을 내며 썩지 않게 하는 그 배에서 흘러나오는 생수의 말씀으로 당대의 능력자로서 하나님의 영광을 드러내는 영의 사람으로 쓰임받을 수 있었습니다.

성도는 옛사람이 죽고 그리스도의 사람이 되어야 목마른 자에게 아낌없이 쏟아 보낼 생수의 말씀으로 살아가고 생명력이 넘치는 말씀을 흘려보낼 수 있습니다.

요한복음 7장 38절에서 예수님이 말씀하신 제자들의 배에서 흘러나오리라고 하신 생수는 에덴에서 발원하여 동산을 적시고 갈라져서 네 근원이 되어 흘러내리던 그 강물을 비유로 하신 말씀입니다.

예수님이 말씀하셨던 배에서 흘러넘쳐야 하는 생수의 영향력은 이런 것입니다.

엘리사가 물 근원에다 던지며 선포했던 생수 같은 말씀은 이 시대에 다시 한번 회복되어야 할 말씀의 강력한 영향력을 말하는 것으로 네 가지의 깊은 뜻을 가지고 있습니다.

첫 번째, 비손 : 생육과 번성, 값없이 풍부하게 흐름

이 강물은 흘러서 하윌라 온 땅을 적셨는데 하윌라는 자라게 한다는
의미입니다.

값없이 풍부하게 흘러내리는 비손 강물은 하나님의 진리의 말씀을 깨
달은 자들의 신앙이 자라서 정금 같고 진주 같은 하늘의 보석이 된다는
것입니다.

> "오호라 너희 모든 목마른 자들아 물로 나아오라 돈 없는 자도 오
> 라 너희는 와서 사 먹되 돈 없이, 값 없이 와서 포도주와 젖을 사
> 라 너희가 어찌하여 양식 아닌 것을 위하여 은을 달아 주며 배부
> 르게 하지 못할 것을 위하여 수고하느냐 내게 듣고 들을지어다 그
> 리하면 너희가 좋은 것을 먹을 것이며 너희 자신들이 기름진 것으
> 로 즐거움을 얻으리라 너희는 귀를 기울이고 내게로 나아와 들으
> 라 그리하면 너희의 영혼이 살리라 내가 너희를 위하여 영원한 언
> 약을 맺으리니 곧 다윗에게 허락한 확실한 은혜니라"(사 55:1-3)

두 번째, 기혼 : 풍성하고 엄청난 양의 강물

기혼 강물은 흘러서 구스 온 땅에 둘렸는데 구스는 검다는 의미로 우
리 안에 있는 죄의 본성과 죄의 악함을 의미합니다.

풍성하고 엄청난 양으로 흘러내리는 기혼의 생수와 같은 말씀이 우리

사단이 가장 싫어하는 복음

심령골수까지 가득 채워진 죄의 본성과 악함을 양털처럼 흰 눈과 같이 깨끗이 씻어 내리는 강력한 회개를 하게 한다는 의미입니다.

> "여호와께서 말씀하시되 오라 우리가 서로 변론하자 너희의 죄
> 가 주홍 같을지라도 눈과 같이 희어질 것이요 진홍 같이 붉을지
> 라도 양털 같이 희게 되리라"(사 1:18)

세 번째, 힛데겔 : 화살처럼 신속하게 빨리 흐름, 결실

힛데겔 강물은 앗수르 동편으로 흘렀다고 하셨는데 앗수르는 죽음, 죽었다는 의미입니다.

힛데겔로 표현된 생수의 말씀이 활시위를 떠난 화살이 빠른 속도로 과녁을 향해 달려가서 꽂히듯이 하나님의 말씀이 신속하게 죽은 영혼을 부활시켜 결실하게 한다는 부활의 능력을 의미합니다.

> "하나님의 말씀은 살아 있고 활력이 있어 죄우에 날선 어떤 검보
> 다도 예리하여 혼과 영과 및 관절과 골수를 찔러 쪼개기까지 하
> 며 또 마음의 생각과 뜻을 판단하나니"(히 4:12)

네 번째, 유브라데 : 천국 곳간, 풍요

유브라데 강물은 우상숭배로 더러워졌을 뿐만 아니라 하나님을 반역

하고 사단에게 종 노릇하며 사망에 메여 있던 우리를 위하여 예수 그리스도께서 죽음을 초월한 뜨거운 사랑으로 회개하고 돌아온 모든 하나님의 백성들을 천국 곳간으로 데리고 가시기 위하여 알곡이 되게 하시는 은혜의 말씀을 의미합니다.

"그 날에 죄와 더러움을 씻는 샘이 다윗의 족속과 예루살렘 주민을 위하여 열리리라 만군의 여호와가 말하노라 그 날에 내가 우상의 이름을 이 땅에서 끊어서 기억도 되지 못하게 할 것이며 거짓 선지자와 더러운 귀신을 이 땅에서 떠나게 할 것이라"(슥 13:1-2)

하나님의 말씀을 맡은 모든 사람들이 사모해야 할 생수의 말씀이 에덴의 네 근원이 되어 흘러내렸던 강물 같은 말씀이어야 하고 말씀을 사모하는 모든 성도들이 이런 생수의 말씀에 푹 잠기는 은혜를 구해야 합니다.

그리고 강단 회복이 성도의 회복이며, 성도의 회복은 곧 교회의 회복으로서 이 같은 회복의 역사가 바로 하나님의 나라와 뜻이 이루어지는 길을 가는 것입니다.

엘리사가 계속해서 나아갔던 곳이 벧엘입니다.
벧엘에 이르자 젊은 청년들이 나와서 "대머리여 올라가라 대머리여 올라가라"고 외칩니다.

엘리사는 엘리야의 후계자로서 갑절의 영감을 구했고 응답을 받아서 요단 강물을 그 선생님처럼 갈라지게 하였고 여리고의 물 근원도 고쳤는데 벧엘에 이르자 대머리여 올라가라는 조롱을 받게 됩니다.

이 조롱에는 우상숭배자들의 강력한 도전과 비난이 숨어 있습니다.

대머리여 올라가라는 말은 선지자에 대한 도전이요 그를 세우신 하나님에 대한 도전입니다.

엘리사가 어떤 이유로 대머리 상태가 되었는지는 알 수 없지만 현재의 겉모습을 보고 무능한 자여 너희 선생님처럼 너도 하늘로 올라가 버리라는 조롱이 숨어 있었던 것입니다.

사사기에 나오는 삼손은 엄청난 괴력을 가진 나실인이었으나 머리털이 밀리고 난 후 그 능력이 사라져 버렸습니다.

우상숭배자들의 눈에 비친 엘리사의 모습은 바로 능력이 사라진 무능한 모습처럼 보였던 것입니다.

머리털은 성경에서 능력의 상징이요 곧 머리를 보호하는 천사의 상징입니다.

대머리는 돕는 천사의 능력이 사라진 선지자의 무능한 모습과 동시에 그를 세운 하나님의 전지전능하신 능력을 조롱하는 것이 되었습니다.

금송아지를 섬기는 우상숭배자들로서는 엘리사의 겉모습만 보고 자기들이 섬기는 금송아지의 능력이 더 뛰어나다는 것을 나타내고 싶은 능력대결로 도전하다가 엘리사는 손도 대지 않았지만 하나님은 두 마리의 암곰을 도구로 42명의 도전자를 죽였던 것입니다.

엘리사는 벧엘의 이런 영적 상황을 알고 있었기 때문에 하나님의 영감과 하나님의 능력이 아니면 안 되는 줄 알고 끝까지 엘리야를 따라갔고 갑절의 영감을 구하여 응답을 받았던 것입니다.

하나님의 성도를 향하신 뜻은 지금도 성도가 하나님의 약속하신 능력을 구하고 주님의 손안에서 훈련과 연단을 통하여 원수를 이길 수 있는 하나님의 사람으로 무장하는 것입니다.

우리 스스로 가지고 있는 어떤 힘도 하나님의 역사를 이루는 것에는 필요하지 않습니다. 오히려 그것이 걸림돌이 되어 하나님의 역사를 방해합니다.

하나님은 우리의 힘이나 가능성이 하나님 앞에는 무익한 것이라는 사실을 깨닫기까지 기다리시고 계십니다.

사단이 가장 싫어하는 복음

⤞ 요단강을 건너는 기도 ⤝

살아 계신 하나님 아버지, 감사를 드립니다.
죽음의 강이요 생명의 강이며 불의 강이요 진리의 강으로 법궤 되시는 그리스도와 함께 들어갑니다.

육으로 살았던 사람을 이 강에다 묻어 주시고 영의 사람인 하나님의 아들로서 제자가 되어 그리스도의 삶을 살도록 여기까지 인도하심을 진심으로 감사를 드립니다.

저는 지금 요단강에다 세상에서 최고가 되려는 의지로 다른 사람을 무참하게 밟았던 죄와, 자신의 생각, 사상, 감정과 의지에 맞지 않는다고 고집하며 원망과 불평했던 죄와, 무지와 무능의 모든 죄를 묻어 버립니다.

이 시대의 무너진 교회와 강단 회복을 위하여 주님께 간구하오니 저를 새 그릇이 되게 하여 주시고 모세와 엘리야의 갑절의 영감을 주시옵소서.

가는 곳마다 생육과 번성과 회개와 거듭남의 역사로 지옥이 천국으로 변하는 에덴의 네 강줄기의 복을 주시옵소서.

그리스도와 함께 죽고 그리스도와 함께 살게 하신 다시 오실 나사렛 예수 그리스도의 이름으로 기도드립니다.

아멘

인생이 만나는
세 번째 때, 가나안

강탈당하였던 하나님의 복을
탈환하는 전쟁의 때

하나님의 아들로서 인정받는 그리스도가 된 성도들이 잃어버렸던 하나님의 복을 찾기 위하여 인생의 마지막까지 믿음으로 승리하는 시기가 가나안의 때입니다.

가나안은 낮아진 땅이라는 이름을 가졌으며 젖과 꿀이 흐르는 땅, 즉 은혜와 진리가 충만한 땅입니다.

가나안은 믿음의 성도들이 광야의 훈련을 통하여 깨어지고 낮아져서 하나님의 나라가 되고 하나님의 뜻을 깨달은 자가 그 뜻을 이루어 드리기 위해서 들어가는 곳이며 이곳이 바로 아브라함에게 약속하신 땅입니다.

성도들이 들어가는 가나안은 하나님을 알지 못한 영혼들이 살고 있는 세상을 의미합니다.

세상임금 사단이 지배하던 애굽의 삶을 버리고 홍해에서 예수 그리스

사단이 가장 싫어하는 복음

도의 피로 죄 씻음을 받고 광야에서 보혜사 성령님의 가르침을 통하여 군사로서의 훈련받은 성도들이 요단에서 옛사람의 죽음과 그리스도의 영을 받은 후에 다시 세상으로 파송을 받아 오직 하나님만이 유일하신 참 하나님이시요, 그가 보내신 자가 예수 그리스도이심을 증거하는 곳이 가나안입니다.

성도들은 억압과 고통의 자리였던 세상으로 다시 돌아가서 거짓의 아비요 죄의 원흉이며 가짜 왕인 사단의 머리를 깨뜨려 버리고, 진멸시켜 버림으로써 빼앗긴 모든 것을 탈환하는 영적 전쟁의 자리로 나아가야 합니다.

이곳에서는 각자에게 주신 분깃을 취하기 위해서 십자가를 지고 사명을 감당함으로써 예수 그리스도께서 주인 되시는 땅, 그 땅을 취하여 하나님께 영광을 돌려드리는 곳입니다.

그런데 가나안 땅은 성도들보다 사단이 먼저 들어가서 포진하고 있는 곳이기도 합니다.

하나님이 에덴동산에서 아담을 지으시기 전에 뱀이 먼저 와 있었던 것처럼 여호수아가 열두 정탐꾼을 보냈을 때, 그곳에 네피림의 후손 아낙 자손이 먼저 들어와 있었고, 출애굽한 이스라엘 백성들이 들어가기 전에, 저주받은 함의 후손들이 먼저 와서 점령하고 있었던 것처럼, 성도들이 들어가는 세상도 그런 곳입니다.

가나안 땅의 삶

1) 가나안의 삶은 사명을 감당하기 위해 십자가를 지는 곳

이 세상은 불법 점유자인 세상임금 사단이 점령하고 있는 곳입니다.

이 사단의 일들을 멸하기 위하여 파송 받은 성도들은 예수님이 성령과 능력을 기름 붓듯 받으시고 착한 일을 행하신 것처럼, 마지막 시대의 두 증인들에게 부어 주시는 물불의 권세를 받아서 하나님의 보시기에 착한 일을 행하는 삶을 살아가야만 이 땅을 점령하고 있는 하나님을 반역한 마귀의 일을 멸할 수 있습니다.

> "내가 너로 여자와 원수가 되게 하고 네 후손도 여자의 후손과 원수가 되게 하리니 여자의 후손은 네 머리를 상하게 할 것이요 너는 그의 발꿈치를 상하게 할 것이니라"(창 3:15)

사단이 가장 싫어하는 복음

"죄를 짓는 자는 마귀에게 속하나니 마귀는 처음부터 범죄함이
라 하나님의 아들이 나타나신 것은 마귀의 일을 멸하려 하심이
라"(요일 3:8)

"하나님이 나사렛 예수에게 성령과 능력을 기름 붓듯 하셨으매
그가 두루다니시며 선한 일을 행하시고 마귀에 눌린 모든 사람을
고치셨으니 이는 하나님이 함께 하셨음이라"(행 10:38)

요단강을 건너서 가나안에 들어간 성도들은 원수의 일을 멸할 권세를
가졌고, 성령과 능력을 기름 붓듯 받은 또 하나의 그리스도 예수입니다.

2) 가나안의 삶은 은혜와 진리의 삶

가나안의 삶의 방식은 철저한 은혜와 진리의 삶으로 하나님에게는 사
랑을 사단에게는 적개심을 가진 삶이며 빛과 어둠을 분리시키는 삶입
니다.

가나안 땅이 젖과 꿀이 흐르는 땅이라는 말씀은 바로 은혜와 진리가
충만하다는 의미입니다.

은혜와 진리는 사랑과 심판을 의미합니다.

은혜의 양식은 소가 만들어 내는 양식으로 방어 능력도 공격 능력도
없는 어린아이들을 위한 양식이며 하나님이 인간에게 베푸시는 사랑과
구원을 의미합니다.

진리의 양식은 꿀벌이 만들어 내는 양식으로서 꿀은 방어 능력과 공격 능력을 갖춘 전쟁의 식량이며, 진리는 사단에 대한 심판과 정복을 의미합니다.

젖과 같은 은혜의 말씀을 먹으면서 지금까지 하나님께로부터 양육을 받았다면, 영적 어린아이의 자리에서 떠나서 이제부터는 꿀과 같은 진리의 말씀인 단단한 음식을 먹고 사단을 향하여 심판과 정복전쟁에 참여해야 합니다.

가나안의 삶의 목표는 사단에게는 복수를, 사람들에게는 구원의 은혜를, 하나님께는 영광을 위한 십자가를 지는 삶입니다.
이 삶이 성경에서 말씀하시는 하나님의 뜻대로 사는 삶이며, 이 삶을 살아내는 자가 천국을 침노하는 자입니다.

3) 십자가를 지는 기준은?

십자가를 지는 기준은 영혼을 향해서는 사랑과 긍휼로, 사단을 향해서는 적개심과 심판으로 행하는 삶이 십자가를 지는 기준입니다.
십자가를 지는 자들은 자신이 하나님의 말할 수 없는 사랑으로 먼저 하나님의 아들이 된 자임을 자각하고 하나님의 마음에 있는 사랑과 긍휼로써 하나님의 선하심을 보여 줌으로써 아직 믿지 않는 영혼들이 하나님께로 돌이킬 수 있도록 도와주는 것이 십자가를 지는 기준입니다.

사단이 가장 싫어하는 복음

반대로 도적질하고 죽이고 멸망시키는 자 사단에게는 그의 거짓과 악행을 드러내어 심판하고 선포함으로써 빼앗겼던 영혼들을 찾아오는 것이 십자가를 지는 확실한 기준입니다.

> "보라 여호와의 크고 두려운 날이 이르기 전에 내가 선지자 엘리야를 너희에게 보내리니 그가 아비의 마음을 자녀에게로 돌이키게 하고 자녀들의 마음을 그들의 아비에게로 돌이키게 하리라 돌이키지 아니하면 두렵건대 내가 와서 저주로 그 땅을 칠까 하노라 하시니라"(말 4:5-6)

4) 십자가를 지는 자의 마음가짐

가나안 땅에서 사명을 감당하는 자의 마음은 그리스도 예수의 마음입니다.

예수님은 하나님과 동등 됨을 취하실 수 있는데도 자신을 낮추시고 복종하셨습니다. 예수님의 겸손하게 섬기시는 마음이 하나님의 뜻을 이루어 드리는 십자가까지 지게 하셨습니다.

> "너희 안에 이 마음을 품으라 곧 그리스도 예수의 마음이니 그는 근본 하나님의 본체시나 하나님과 동등됨을 취할 것으로 여기지 아니하시고"(빌 2:5-6)

또 예수님의 이 마음은 양 아흔아홉 가진 목자가 잃은 양 한 마리를 찾기 위해 떠나는 마음입니다. 이는 자식을 잃은 부모가 그 자식을 찾기 위해 몸부림치며 잃어버린 영혼에 대한 죽음을 초월한 사랑의 마음입니다.

인간은 철저히 타락했지만, 자신을 사랑해 준 사람을 잊지 않습니다. 심지어 자신의 이름을 기억해 준 사람도 잊지 않습니다. 또 자신을 사랑해 준 사람으로 인해 다른 사람을 사랑할 수 있습니다.
그러므로 하나님 나라는 사랑으로 섬기는 사람으로 인해 확장되고 확장되어집니다.

예수님의 십자가의 그 은혜 때문에 우리도 가나안 땅에서 겸손하게 십자가를 질 수 있는 것과 같이 가나안 땅에서는 힘들고 어려울 때 십자가에서 받은 사랑을 기억하고 나아가야만 승리하는 곳입니다.

5) 가나안 땅에서 십자가를 지는 전쟁

가나안 땅의 전쟁은 진짜 왕이신 하나님과 가짜 왕인 사단과의 진리와 비진리의 전쟁이고, 영과 육의 전쟁이며, 성도가 믿음으로 하나님의 편에 서느냐, 사단의 편에 서느냐 하는 유혹의 전쟁입니다.

하나님이 지시할 땅 가나안은 이스라엘의 열두지파가 각각 차지해야 할 땅이며, 모든 사람들이 세상 안에서 싸워야 할 영역을 말하는 것입니다.

사단이 가장 싫어하는 복음

각 사람이 서야 할 전쟁의 장소는 다르지만, 전투의 방법은 동일합니다. 그 방법은 오직 하나님을 경외하며 경배드리는 예배자로서의 삶입니다.

크게 보면 우리의 모든 삶 전체를 말하는 것이며, 쪼개서 보면 각 사람에게 해당하는 재정과 시간과 재능 등의 모든 영역에서 이루어지는 삶 전체의 전쟁을 말하는 것입니다.

이 전쟁의 궁극적인 목적은 예수님이 십자가를 지신 것처럼 자신에게 주어진 십자가를 지는 것입니다.

우선 십자가를 지기 위해서는 하나님의 뜻이 성도를 통해서 이루어지도록 반드시 예수님의 은혜로 하나님의 진리의 말씀을 가르쳐 주는 것입니다.

이는 인간의 삶 속에 깊이 파고 들어와 있는 사단의 머리에서 나온 거짓 진리를 깨뜨리고 사단에게 붙잡힌 영혼을 구원하기 위해 그의 거짓말을 뽑고, 그 일들을 깨뜨리는 것입니다.

이스라엘 백성들이 가나안 땅 탈환 전쟁을 하기 전에 길갈에서 할례를 받고 유월절을 지키고 난 후에 군대 장관 되신 예수 그리스도께서 찾아와 주심으로 전쟁을 시작했던 것처럼, 성도에게도 군대 장관이신 예수 그리스도께서 임마누엘해 주셔야 전쟁터에 나가서 싸우고 승리할 수 있습니다.

성도가 만나는 세 종류의 대적

예수님을 영접하고 하나님의 아들로서 거듭난 성도들에게 우는 사자같이 삼킬 자를 찾아서 돌아다니는 대적이 있습니다. 그 첫 번째 대적은 하나님의 영광을 가로채는 바알입니다.

1) 성도가 가나안에서 첫 번째 만나는 대적, 바알

성경에 바알은 여러 곳에서 찾아볼 수 있지만, 그가 어떤 존재인지, 어떻게 이스라엘 역사에서 숭배를 받았는지, 그 정체성이 명확하지 않습니다.

하나님의 영광을 가로채는 가짜 신인 바알은 하나님이 할례를 받은 아브라함과 언약을 맺고 이스라엘의 영원한 하나님이 될 것을 약속하셨음에도 불구하고 이스라엘이 하나님을 배반하고 바알에게 마음이 빼

사단이 가장 싫어하는 복음

앗겨서 그를 선택할 만큼 바알은 매력적인 우상입니다.

하나님은 하나님의 영광과 찬송을 다른 자에게 주지 아니하실 것이라고 하셨는데 이 말씀은 곧 하나님의 영광과 찬송을 가로채는 자가 있다는 것을 전제하신 것입니다.

> "나는 여호와니 이는 내 이름이라 나는 내 영광을 다른 자에게,
> 내 찬송을 우상에게 주지 아니하리라"(사 42:8)

바알이라는 존재가 하나님을 믿는 그리스도인들에게 얼마나 위험한 존재인지 왜 그를 섬기면 안 되는지 신학적인 정립이 되어 있지 않습니다.

시대마다 바알이 어떤 옷을 입고 어떤 모습으로 파고 들어오는지 분별하기가 어렵다는 말입니다.

성도가 전쟁터에서 첫 번째로 만나는 바알이 이스라엘의 역사 가운데 나타난 모습을 보겠습니다.

바알은 여러 가지의 상황과 형태로 나타나는데 성경에서 보통 바알들로 등장하고 있습니다.

바알을 한마디로 정의한다면 세상에 존재하는 모든 거짓 신들을 총칭하는 것입니다.

(1) 바알의 임무(가짜 신들의 임무)

모든 사람들에게 경배받기를 원하는 바알은 성도들이 하나님께 드리는 모든 예배와 믿음을 빼앗으며, 눈에 보이지 않으시는 하나님보다 눈에 보이는 환경을 바라보고 육적인 성공에 집중하게 만듭니다.

이 땅에서는 우상숭배가 시작된 동기는 이렇습니다.

하늘나라 영원세계에서 하나님의 보좌를 넘보고 하나님의 자리에서 영광을 취하려고 했던 존재가 이 땅으로 내려찍힌 후에, 하나님이 만드신 인간의 마음을 유혹하여서 눈에 보이지 않는 영원한 세계에 대한 것보다 눈에 보이는 이 땅에 마음을 두고, 하나님보다 자신을 섬기도록 자신에게 있는 교만과 탐욕을 심어 주고 자신을 섬기면 그 모든 것을 다 가질 수 있는 것처럼 믿게 하여 자기 자신을 사랑하는 인간들에게 경배를 받는 데서 시작되었습니다.

만족이 없는 인간의 마음에 목숨을 위하여 더 좋은 것을 먹고 싶은 마음을 심고, 명예를 위하여 더 높은 자리를 향한 욕망을 갖게 하며, 더 많은 것을 소유하고 누리는 것이 살아가는 목적이 되도록 미혹한 결과 그것들을 얻기 위하여 수많은 가짜 신들이 인간의 경배를 받게 되었습니다.

사단이 가장 싫어하는 복음

(2) 우가릿 문서에 나타난 바알의 실상

바알은 두 아버지를 두고 있는데 한 아버지는 하나님 신을 의미하는 "엘"이라는 이름을 가졌고 70신들의 아버지로 나타나며 엘의 아내는 바다의 신 아세라이며 두 번째 아버지는 곡식의 신 다곤으로서 곡물 생선 어업의 신으로도 표현되는 다산의 신입니다.

바알은 태풍의 신이며 천둥과 번개를 동반하는 하늘의 신으로서 비와 눈을 땅에 보낸다고 합니다.

바알은 농업공동체였던 고대 가나안 인들이 풍요와 다산의 신으로 숭배하였고 땅의 생산력과 가축의 번식력을 주관하는 신으로서 "주" "소유자"라는 뜻을 가지고 있습니다.

바알은 안개와 이슬이란 두 딸을 거느리며 그의 거처는 높은 산 "자폰"인데 우가릿에서는 커다란 바알신전이 발굴되었다고 합니다.

바알이라고 하는 단어는 원래 셈족이 쓰던 보통명사로서 "소유자" "주인" "왕자" "땅의 주인" 그리고 바알세불은 "전능자바알"이라는 뜻을 가지고 있습니다.

바알은 최고의 신 엘과, 풍요의 신 다곤을 아버지로 두었으니 권력과 풍요의 주관자라고 할 수 있습니다.

우가릿은 바다의 폭풍과 해적과 산에 있는 산적과 도둑 등 끊임없이 사람들을 위협하는 존재들과 만나게 되면서 자연스럽게 강력한 신을 의지하는 마음이 작용하게 되었고 바알 신화는 이러한 사람들의 두려운 마음을 지배하는 역할을 했던 것입니다.

가나안 땅에 들어간 이스라엘 백성들은 땅을 차지하고 농경문화 속에 정착되어지면서 그들은 좀 더 많은 수확을 원했고 좀 더 부요해지길 원하면서, 눈에 보이는 것에 집착하게 되고 주위의 민족들의 풍요와 비교하게 되면서 점차적으로 하나님의 돌보심을 부정하게 됩니다.

> "또 내게 이르시되 인자야 이스라엘 족속의 장로들이 각각 그 우상의 방안 어두운 가운데에서 행하는 것을 네가 보았느냐 그들이 이르기를 여호와께서 우리를 보지 아니하시며 여호와께서 이 땅을 버리셨다 하느니라 또 내게 이르시되 너는 다시 그들이 행하는 바 다른 큰 가증한 일을 보리라 하시더라 그가 또 나를 데리고 여호와의 전으로 들어가는 북문에 이르시기로 보니 거기에 여인들이 앉아 담무스를 위하여 애곡하더라"(겔 8:12-14)

바로 이때, 바알이 그들의 마음에 불신이라고 하는 거대한 우상을 쌓는 기회가 됩니다.

성도들은 하나님이 그들을 돌아보시지 않는 것처럼 멀리서 찾으니 기도에 응답이 없고 돌보심을 느끼지 못하게 되면서 하나님께 버림받았다는 생각을 갖게 되었습니다.

사단이 가장 싫어하는 복음

이러한 현실은 오늘날 우리들의 모습과 너무도 비슷합니다.

창세 이래로 사단은 성도들의 마음속에다 하나님은 약속하신 말씀과 같지 않다는 불신의 생각을 넣어 주는 데 초점을 맞추고 있습니다.

사단은 지금도 하나님께서는 전지전능하시며 그 약속하신 것을 이루신다는 사실을 믿지 않도록 성도들을 설득시키고 있습니다.

사단은 하나님이 성도의 기도를 듣지 아니하시며 사랑하지 않는다는 불신의 영인 바알의 영으로 속이고 있습니다.

바알의 영은 성도가 환란을 당하고 절박한 상황이 올 때 들어와서 하나님의 돌보심과 도우심을 의심하게 하며 극심한 두려움과 공포에 사로잡히게 합니다.

바알이 왜 이렇게 성도들을 미혹하여 하나님을 믿지 못하는 불신자가 되게 하고 미래에 대한 두려움과 공포에 빠지게 하느냐 하면 눈에 보이는 이 땅의 삶에 마음이 빼앗기게 해서 눈으로 볼 수 없는 영원한 세계인 하나님 나라에 대한 소망을 갖지 못하게 하기 위함입니다.

성도가 바알에게 미혹되어서 당장 눈앞에 보이는 현실 때문에 염려하고 두려워하며 하나님을 불신하는 삶을 살아가는 것은 바알이 성도를 향하여 승리한 것이고 성도는 사실상 바알의 손아귀에 점령된 것입니다.

예레미야 선지자는 불신은 금강석 끝 철필로 기록되되 그들의 마음 판과 제단 뿔에 새겨진 죄라고 말하고 있습니다.

> "유다의 죄는 금강석 끝 철필로 기록되되 그들의 마음 판과 그들의 제단 뿔에 새겨졌거늘"(렘 17:1)

그러므로 성도는 하나님의 임재를 구하며 마음의 깊은 곳에서부터 거짓 없이 하나님 한 분만을 사랑하기 위하여 불신과 두려워하는 마음을 거절하고 파쇄하며, 온전한 믿음과 성령 안에 있는 평강을 구해야 합니다.

> "아무 것도 염려하지 말고 오직 모든 일에 기도와 간구로, 너희 구할 것을 감사함으로 하나님께 아뢰라 그리하면 모든 지각에 뛰어난 하나님의 평강이 그리스도 예수 안에서 너희 마음과 생각을 지키시리라"(빌 4:6-7)

2) 성도가 가나안에서 두 번째 만나는 대적, 이세벨

구약의 이세벨은 북이스라엘의 왕 아합의 왕비로서 엣 바알의 딸이며 엣 바알은 시돈 사람의 왕이었습니다.

> "느밧의 아들 여로보암의 죄를 따라 행하는 것을 오히려 가볍게 여기며 시돈 사람의 왕 엣바알의 딸 이세벨을 아내로 삼고 가서

사단이 가장 싫어하는 복음

바알을 섬겨 예배하고"(왕상 16:31)

원래 바알의 제사장이었던 엣 바알은 시돈의 왕 펠레스를 죽인 후 왕위에 올랐던 인물이며 엣 바알이라는 이름은 "바알이 함께한 자"로서 이는 그가 바알에게 헌신한 열성적인 바알 신 숭배자라는 것을 의미합니다.

역사가 요세푸스에 의하면 엣 바알은 본래 바알과 아스다롯의 겸임 제사장이었으며 그의 딸 이세벨을 아합에게 시집을 보내어 이스라엘에서 여호와의 신앙을 말살시키려는 계획을 가지고 있었다고 합니다.

이처럼 강한 이교적 배경을 가지고 있었던 이세벨은 성경에서 가장 이교적이며 잔인한 성격의 여성으로 묘사되고 있습니다.

> "예로부터 아합과 같이 그 자신을 팔아 여호와 앞에서 악을 행한 자가 없음은 그를 그의 아내 이세벨이 충동하였음이라"(왕상 21:25)

이세벨은 하나님의 율법을 어기고 자신과 결혼한 아합에게 그 악한 영향을 끼침으로 바알숭배자가 되게 하였으며, 바알의 제단을 이스라엘의 수도인 사마리아에 쌓게 하고 목상을 만들어 바알을 이스라엘의 공개적인 신으로 인정하고 바알을 숭배하도록 하였습니다.

그 후 이세벨과 아합은 딸 아달랴를 다윗 왕가와 결혼시킴으로써 바알숭배를 남쪽 유다에까지 미치게 하였습니다.

아합과 이세벨은 이스라엘에 바알숭배를 더욱 적극적으로 끌어들이기 위해서 여호와의 단을 헐며 하나님의 선지자를 죽이고 바알의 선지자들은 세워서 이세벨의 상에서 먹게 하였습니다.

"이세벨이 여호와의 선지자들을 멸할 때에 오바댜가 선지자 백 명을 가지고 오십 명씩 굴에 숨기고 떡과 물을 먹였더라"(왕상 18:4)

하나님을 두려워하지 않는 이세벨이 아합을 선동하여 나봇을 죽이고 그의 포도원을 취하는 악행에까지 이릅니다.

이에 이세벨은 엘리야 선지자가 예언한 대로 자신을 수종 들던 내시에 의해서 산 채로 성 밖에 던져지고 그 시체가 예후에 의해 밟히고 개들이 찢어 먹는 결말을 맞이하게 됩니다.

이세벨의 영은 적그리스도의 영으로서 그가 가지고 있는 사단적인 권세는 갈멜산의 대결을 승리로 이끌었던 엘리야까지도 두려움에 떨며, 살 소망을 잃게 하는 무서운 권세를 가지고 있습니다.

이세벨의 손에 의해 죽은 선지자들의 피로부터 예수 그리스도까지 이 두 진영 사이의 피비린내 나는 영적 전쟁은 오늘날도 자녀의 마음을 아비에게로 돌이키게 하고 아비의 마음을 자녀에게로 돌이키게 하는 선지자의 역사와 이에 맞선 거짓선지자의 활동으로 계속되고 있습니다.

신약의 또 다른 이세벨은 두아디라교회의 거짓 선지자이며 거짓된 가르침으로 두아디라교인들을 꾀어 행음하게 하고 우상의 제물을 먹게 했던 인물입니다.

성경에서 일반적으로 이세벨을 말할 때에 하나님을 대적한 영을 지칭하며 사망의 영이요, 간음하는 영이라고 합니다.

이세벨 영의 특성

불순종의 영으로서 "동거하지 않음"이라는 이름의 뜻대로 독립적이며 이기적이며 특히 권위자들과 연합하지 못하는 영입니다.

거짓 선지자의 영으로서 자신에게 있는 왜곡되고 불법적인 능력과 지배력을 행사하기 위하여 가르칠 기회를 찾는 영입니다.

또한 조종하는 영으로써 특히 기도하는 자들에게 영향력과 지배력을 행사하기 위하여 다른 사람보다 더 영적인 것처럼 보이려고 거짓 꿈과 거짓 환상과 아첨하는 말로써 사람들의 마음을 빼앗는 일을 합니다.

이 영은 이간질시키는 영으로서 지도자들은 의견 차이로 분리가 되게 하고, 부부끼리는 원수가 되게 하며, 육체의 질병과 마음의 상처를 가져오며 특히 예배를 방해하며, 자기가 원하는 것을 얻지 못할 때는 재정 분야에서도 방해를 합니다.

이세벨의 영이 가장 싫어하는 것은 회개입니다.

이 시대는 강단에서 회개를 촉구하는 굵은 베 옷을 입는 회개 복음이 필요합니다.

하나님을 믿는 우리에게 주신 가장 큰 복은 회개하는 일이며 가장 무서운 저주는 회개할 기회를 잃어버리는 것입니다.

> "그러나 네게 책망할 일이 있노라 자칭 선지자라 하는 여자 이세벨을 네가 용납함이니 그가 내 종들을 가르쳐 꾀어 행음하게 하고 우상의 제물을 먹게 하는도다 또 내가 그에게 회개할 기회를 주었으되 자기의 음행을 회개하고자 하지 아니하는도다"(계 2:20-21)

이세벨은 참선지자들을 싫어합니다. 왜냐하면 그의 거짓 진리를 드러내기 때문입니다.

이에 맞서서 이세벨은 성도들의 마음을 왜곡시켜 선지자적 메시지를 듣고 받아들이는 것을 방해합니다.

그러나 선지자들을 통해서 선포되는 하나님의 말씀은 이세벨의 거짓을 공개하는 것이며 진리의 말씀은 이세벨의 거짓된 꾀를 깨뜨립니다.

이세벨은 겸손과 경건한 심령으로 하나님을 섬기는 성도를 싫어합니다.

겸손과 경건한 심령으로 주님을 섬기는 성도들은 기쁨과 감사하는 마음으로 교회 안에서 모든 사역과 조화를 이루어 가는 자들로서 이것은 종의 마음을 가진 참된 영성의 능력에서 나온 것이므로 이세벨은 겸손과 경건으로 하나님을 섬기는 성도를 증오합니다.

이세벨이 가장 싫어하고 증오하는 것은 바로 하나님입니다.

이세벨은 범죄한 인간들에게 베푸시는 하나님의 넘치는 사랑과 은혜를 싫어합니다. 또한 약한 자들을 사용하시는 하나님의 배려도 싫어하며, 이는 자신이 그 약한 자들을 통해서 박살나는 것을 알고 있기 때문입니다.

열왕기상 18장 26-29절을 근거로 이세벨의 가르치는 것

① 경외심이 없는 형식적인 예배를 하게 합니다.

"그 쌓은 제단 주위에서 뛰놀더라"(왕상 18:26)

바알이여 응답하소서 바알이여 응답하소서 하고 소리치면서 단 주위에서 뛰 놀았다는 것은 자기들의 신에 대한 경외심보다 자기감정대로 예배했다는 것입니다.

우리의 예배가 하나님을 향한 경외심이 없이 우리의 감정에 의한 것이라면 회개해야 합니다. 성령의 역사하심이 없는 예배는 사람을 위한 외식하는 예배입니다.

② 맹목적인 부르짖음의 기도를 하게 합니다.

"이에 그들이 큰 소리로 부르고"(왕상 18:28)

이들은 믿음이 없이 맹목적으로 부르짖었습니다. 이 부르짖음은 허공을 치는 것이며, 경외심과 확고한 믿음도 없이 소리만 지르는 것은 맹목적인 부르짖음입니다.

성도는 하나님을 아바 아버지로 경외하고 믿음으로 부르짖습니다.

③ 자기의 소원을 위해 하나님을 찾게 합니다.

"그들의 규례를 따라 피가 흐르기까지 칼과 창으로 그들의 몸을
상하게 하더라"(왕상 18:28)

세상의 가짜 신들은 인간의 필요를 위하여 인간이 신을 찾는 것이 맞다고 합니다.

그러나 참 신이신 하나님은 하나님이 인간을 찾아오셔서 하나님의 뜻대로 섬겨 드려야 임재하십니다. 그러므로 성령의 인도하심을 받아 하나님의 기쁘신 뜻을 위하여 주신 소원을 가지고 구해야만 합니다.

④ 제멋대로 떠오르는 말을 하도록 합니다.

사단이 가장 싫어하는 복음

"그들이 미친 듯이 떠들어 저녁 소제 드릴 때까지 이르렀으나 아
무 소리도 없고 응답하는 자나 돌아보는 자가 아무도 없더라"(왕
상 18:29)

하나님 앞에 드리는 예배는 하나님의 말씀을 가지고 하나님의 뜻을
알리고 그 말씀하신 것을 이루어 가시는 예언이라면 거짓된 예배는 미
친 듯이 사람의 감정과 생각대로 말하는 예언입니다.

성도는 자기 생각에서 떠오르는 것을 신뢰하지 말고 하나님의 말씀을
의지해야 합니다.

이세벨의 주 공격 대상

다음과 같은 특징을 가진 자를 이용하여 이세벨은 그가 가지고 있는
영향력을 행사하려고 합니다.

①타협하는 자 = 권력과 자기의 이익을 위해 타협하는 자를 찾
습니다.

②아첨하는 자 = 자기 목적을 위해 사람에게 잘 보이려는 자를
찾습니다.

③탐욕을 가진 자 = 하나님이 주신 것보다 더 많을 것의 욕심
을 부리는 자를 찾습니다.

이세벨의 영향권에서 빠져나오려면

우리 안에 육적인 생각에서 하나님의 말씀으로 이기게 해 달라고 기도해야 합니다.

나의 영광, 나의 목적에서 하나님의 뜻과 하나님의 영광을 구해야 합니다.

영적 분별력을 갖기 위해 말씀을 적용하는 훈련을 하여야 합니다.

이세벨의 영과 싸워서 이긴 자들에게는 영적 권세를 가지고 주권과 통치권과 소유권을 사용할 수 있는 지식과 지혜로 만국을 다스릴 권세를 주시며, 원수를 질그릇 깨뜨리듯 정복하고 심판하는 권세도 주셔서 죄로 인해 너무나 캄캄해진 세상에서 새벽별처럼 하나님의 임재로 천국 가는 길을 알리는 자게 되게 하십니다.

3) 성도가 가나안에서 세 번째로 만나는 대적은 아말렉

아말렉이란? 호전적이다, 골짜기의 거주자, 즉 전쟁을 좋아한다는 뜻입니다.

아말렉은 성도들의 아주 가까운 곳에 잠복해 있는 존재로서 문제가 있는 곳마다 숨어 들어가기 때문에 자칫 잘못하면 빠지기 쉬운 함정이라는 뜻입니다.

아말렉은 에서의 손자로서 야곱의 후손인 이스라엘 민족과는 혈족입니다.

창세기 36장 31절 이하에 보면 아말렉은 왕권체제를 형성하였으며, 전술과 전쟁에 뛰어났습니다.

> "에서의 아들 엘리바스의 첩 딤나는 아말렉을 엘리바스에게 낳
> 았으니 이들은 에서의 아내 아다의 자손이며"(창 36:12)

에서는 야곱의 쌍둥이 형으로서 에돔 이라는 별명을 가진 자이며 사냥에 뛰어난 자입니다. 그리고 아버지 이삭이 에서에게 하였던 축복의 말에서 에서가 어떻게 살아가게 될 것인지 잘 나타나 있습니다.

> "그 아버지 이삭이 그에게 대답하여 이르되 네 주소는 땅의 기름
> 짐에서 멀고 내리는 하늘 이슬에서 멀 것이며 너는 칼을 믿고 생
> 활하겠고 네 아우를 섬길 것이며 네가 매임을 벗을 때에는 그 멍
> 에를 네 목에서 떨쳐버리리라 하였더라"(창 27:39-40)

하나님은 에서에 대하여 이렇게 말씀하셨습니다.

> "여호와께서 이르시되 내가 너희를 사랑하였노라 하나 너희는
> 이르기를 주께서 어떻게 우리를 사랑하셨나이까 하는도다 나 여
> 호와가 말하노라 에서는 야곱의 형이 아니냐 그러나 내가 야곱을
> 사랑하였고"(말 1:2)

성경에서 아말렉은 사단의 후손임을 보여 줍니다.

하나님이 왜 아말렉을 그 씨까지 진멸하기를 원하셨는지 그 정체성이 무엇인지 알아야 합니다.

사단과 아말렉의 동일성

① 하나님이 사단에게 하신 저주와 아말렉에게 하신 저주가 동일합니다.

창세기 3:15에서 여자의 후손이 예수 그리스도라고 하셨는데, 그러면 사단의 후손은 아말렉이 됩니다. 왜냐하면 사단에 대한 저주와 아말렉에 대한 저주가 동일합니다.

> "내가 너로 여자와 원수가 되게 하고 너의 후손도 여자의 후손과 원수가 되게 하리니 여자의 후손은 네 머리를 상하게 할 것이요 너는 그의 발꿈치를 상하게 할 것이니라 하시고"(창 3:15)

> "그의 원수 에돔은 그들의 유산이 되며 그의 원수 세일도 그들의 유산이 되고 그와 동시에 이스라엘은 용감히 행동하리로다 주권자가 야곱에게서 나서 남은 자들을 그 성읍에서 멸절하리로다 하고 또 아말렉을 바라보며 예언하여 이르기를 아말렉은 민족들의 으뜸이나 그의 종말은 멸망에 이르리로다 하고"(민 24:18-20)

사단이 가장 싫어하는 복음

"그러므로 네 하나님 여호와께서 네게 기업으로 주어 차지하게 하시는 땅에서 네 하나님 여호와께서 사방에 있는 모든 적군으로 부터 네게 안식을 주실 때에 너는 천하에서 아말렉에 대한 기억을 지워 버리라 너는 잊지 말지니라"(신 25:19)

"여호와께서 모세에게 이르시되 이것을 책에 기록하여 기념하게 하고 여호수아의 귀에 외워 들리라 내가 아말렉을 없이하여 천하에서 기억도 못하게 하리라"(출 17:14)

② 사단과 아말렉은 도적질하고 죽이고 멸망시키는 것이 동일합니다. 아말렉은 성도들에게 들어와서 물질뿐만이 아니라 건강과 평안과 기쁨을 도적질하고 성도들을 육으로 끌어가면서 영적 죽음에 이르게 하여 멸망시키는 존재입니다.

"도적이 오는 것은 도적질하고 죽이고 멸망시키려는 것뿐이요 내가 온 것은 양으로 생명을 얻게 하고 더 풍성히 얻게 하려는 것이라"(요 10:10)

"다윗과 그의 사람들이 사흘 만에 시글락에 이른 때에 아말렉 사람들이 이미 네겝과 시글락을 침노하였는데 그들이 시글락을 쳐서 불사르고 거기에 있는 젊거나 늙은 여인들은 한 사람도 죽이지 아니하고 다 사로잡아 끌고 자기 길을 갔더라 다윗과 그의 사

람들이 성읍에 이르러 본즉 성읍이 불탔고 자기들의 아내와 자녀들이 사로잡혔는지라"(삼상 30:1-3)

③ 사단과 아말렉은 약자와 약점을 공격하는 것이 동일합니다.

"근신하라 깨어라 너희 대적 마귀가 우는 사자같이 두루 다니며 삼킬 자를 찾나니"(벧전 5:8)

믿음이 약한 자를 발견하면 사단과 아말렉은 공격합니다.

애굽에서 나와서 가나안을 향해 가는 이스라엘 백성들은 전쟁을 할 수 있는 준비가 되어 있지 않았고 광야의 여정에 지쳐 있는 상태였습니다.

하나님을 섬기기 위하여 출애굽한 자들을 공격한 것은 엄연히 하나님에 대한 도전입니다.

아말렉이 이스라엘 백성들을 공격한 것은 하나님에 대한 증오와 도전을 나타낸 것입니다.

아말렉은 사단의 후손으로서 그들에게 내려진 저주도 사단과 동일하고 하나님을 두려워하지 않는 것도 동일하며, 상대의 약점을 찾아서 공격하는 것도 동일합니다.

하나님은 아말렉의 공격을 통해서 사단을 보았기 때문에 더욱 아말렉에 대해서는 단호하게 진멸할 것을 명령하셨습니다.

하나님께서는 성도들에게 하늘나라에서 사단의 그림자도 남기지 않으시고 땅으로 던져버리셨듯이 아말렉이란 이름으로 나타난 사단의 후손들도 그 씨까지 천하에서 도말하시기를 원하십니다.

이것이 곧 "뜻이 하늘에서 이룬 것 같이 땅에서도 이루어 지이다"라는 말씀을 이루시는 것입니다.

아말렉의 공격 대상

첫째, 아말렉의 공격 대상은 원망과 다툼이 있는 곳입니다.

이스라엘 백성들이 처음으로 아말렉의 공격을 받은 곳은 르비딤입니다.

르비딤은 므리바 또는 맛사라고 하는데 그 뜻은 다툼 또는 원망입니다.

> "그가 그곳 이름을 맛사 또는 므리바라 불렀으니 이는 이스라엘
> 자손이 다투었음이요 또는 그들이 여호와를 시험하여 이르기를
> 여호와께서 우리 중에 계신가 안 계신가 하였음이더라 그 때에
> 아말렉이 와서 이스라엘과 르비딤에서 싸우니라"(출 17:7-8)

이스라엘 백성들은 며칠 전까지만 해도 하나님의 능력이 홍해를 갈라지게 하시고 그들을 마른땅 같이 건너게 하셨으며 그들을 추격하던 바로와 그 군대가 모두 홍해에 수장되는 광경을 직접 목격했던 자들입니다.

그런데 잠시 후에 "우리가 애굽 땅에서 고기 가마 곁에 앉았던 때와 떡을 배불리 먹던 때에 여호와의 손에 죽었더면 좋았을 것을 너희가 이 광야로 우리를 인도하여 내어 이 온 회중으로 주려 죽게 하는도다" 하면서 양식 문제로 지도자를 원망하였고 이 원망은 결국 하나님에 대한 원망이었습니다.

그 후에는 마실 물이 없다고 모세와 다투는 일이 일어나고 급기야는 백성들이 돌을 들어 모세를 죽이려고까지 하였습니다.

출애굽을 통한 구원의 기적을 체험하고도 문제 앞에서는 하나님을 바라보지 않고 육의 생각과 구습을 따르는 옛사람의 기질대로 원망하고 불평하며 하나님을 시험하는 모습으로 돌아가 버렸습니다.

이 일 후에 이스라엘 백성들은 아말렉의 공격을 받게 됩니다.

에서가 사단의 모형이라면 에서의 후손은 마귀들입니다. 이처럼 마귀들은 오늘도 삼킬 자를 찾아서 두루 다니고 있습니다. 원망과 불평은 마귀들이 들어오는 대문입니다.

> "근신하라 깨어라 너희 대적 마귀가 우는 사자 같이 두루 다니며
> 삼킬 자를 찾나니 너희는 믿음을 굳건하게 하여 그를 대적하라
> 이는 세상에 있는 너희 형제들도 동일한 고난을 당하는 줄을 앎
> 이라"(벧전 5:8-9)

서로를 탓하면서 다투는 사이에 아말렉의 공격을 받아서 시간과 물질과 모든 소유를 잃게 됩니다.

성도들의 원망과 다툼은 서로를 향하여 원수가 되게 하며 이는 하나님을 시험하는 결과가 됩니다. 그러므로 성도는 원망과 다툼의 자리에서 믿음의 주요 온전케 하시는 이인 예수를 바라보는 감사의 자리로 되돌아가야 합니다.

둘째, 공격 대상은 여호와의 말씀을 버리는 자입니다.

원래 이스라엘 백성은 하나님이 주인이셨습니다. 그러나 백성들이 눈에 보이는 왕을 구하였고 하나님께서 사울을 백성의 소원대로 왕으로 세우셨습니다. 그리고 사무엘 선지자를 통하여 하나님께서 사울에게 아말렉을 진멸하라는 명령을 내리십니다.

"지금 가서 아말렉을 쳐서 그들의 모든 소유를 남기지 말고 진멸
하되 남녀와 소아와 젖 먹는 아이와 우양과 낙타와 나귀를 죽이
라 하셨나이다 하니"(삼상 15:3)

사울 왕은 하나님의 말씀을 버리고 아말렉을 진멸하지 않고 죽일 자를 살리는 불순종을 하게 됩니다.

"사울이 하윌라에서부터 애굽 앞 술에 이르기까지 아말렉 사람
을 치고 아말렉 사람의 왕 아각을 사로 잡고 칼날로 그의 모든 백

성을 진멸하였으되 사울과 백성이 아각과 그의 양과 소의 가장 좋은 것 또는 기름진 것과 어린양과 모든 좋은 것을 남기고 진멸하기를 즐겨 아니하고 가치 없고 하찮은 것은 진멸하니라"(삼상 15:7-9)

사울 왕이 멸하기를 싫어했던 아말렉에 대해서는 이미 모세를 통하여 말씀하셨습니다.

사울 왕은 하나님의 명령을 자기 마음대로 진멸하지 않고 좋은 것과 기름진 것과 아말렉의 왕 아각을 살려 두는 죄로 인해 하나님께로부터 버려지게 됩니다.

"이는 거역하는 것은 점치는 죄와 같고 완고한 것은 사신 우상에게 절하는 죄와 같음이라 왕이 여호와의 말씀을 버렸으므로 여호와께서도 왕을 버려 왕이 되지 못하게 하셨나이다 하니"(삼상 15:23)

사울 왕은 철저한 육의 사람인 것을 보여 주는데 사무엘 선지자를 통하여 하나님이 자신을 버렸다고 말씀을 전하는데도 진심으로 회개하며 돌이키지 않고 장로들 앞과 백성들 앞에서 자신의 체면을 지킬 수 있게 해 달라고 합니다.

이 모습은 끝까지 회개하여 돌이키기를 싫어하는 인간의 본성을 나타

사단이 가장 싫어하는 복음

내며 죄의 원흉 사단의 고집과 아집을 보여 줍니다.

> "사울이 이르되 내가 범죄하였을지라도 이제 청하옵나니 내 백
> 성의 장로들 앞과 이스라엘 앞에서 나를 높이사 나와 함께 돌아
> 가서 내가 당신의 하나님 여호와께 경배하게 하소서 하더라"(삼
> 상 15:30)

우리도 사울 왕처럼 순간적으로 탐욕과 교만이 눈을 가려서 하나님의 말씀에 순종하지 않을 수 있습니다. 그러나 그 사실이 깨달아질 때는 진심으로 회개하며 순종해야 합니다.

자신의 지위나 체면 때문에 잘못을 인정하지 못하고 하나님보다 사람을 더 의식하면 하나님 앞에서 버려지게 됩니다.

그 결말은 사울 왕처럼 사단의 밥이 될 뿐입니다. 그는 전쟁에서 패전하여 화살을 맞고 중상을 입었을 때, 할례 없는 자들이 와서 자기를 찌르고 모욕할까 봐 두려워서 자기 칼에 엎드려 죽을 만큼 체면을 앞세우는 육적인 사람이었습니다.

누구든지 잘못을 지적하시는 하나님의 말씀이 깨달아졌음에도 자신의 체면이나 지위를 먼저 생각하는 사람이라면 고집과 교만과 탐욕에 빠져 있는 육적인 사람입니다.

하나님께서 사울 왕에게 아말렉을 그 씨까지도 멸하라고 명령하셨던

것은 이스라엘을 다스리는 왕권을 가진 자는 원수를 멸하는 용사가 되어야 하며, 백성을 사랑으로 다스리는 왕의 위치가 어떤 것인지를 알게 하시기 위함이었습니다.

셋째, 공격 대상은 가정과 무장되지 못한 약자입니다.

> "(다윗의 두 아내 이스르엘 여인 아히노암과 갈멜 사람 나발의 아내였던 아비가일도 사로잡혔더라) 백성들이 자녀들 때문에 마음이 슬퍼서 다윗을 돌로 치자 하니 다윗이 크게 다급하였으나 그의 하나님 여호와를 힘입고 용기를 얻었더라"(삼상 30:5-6)

다윗은 자기를 따르는 600명의 사람들과 함께 사울 왕으로부터 늘 도망을 다니며 정착하지 못하다가 블레셋의 가드 왕 아기스로부터 한 성읍에 살도록 배려를 받게 됩니다.

1년 4개월 동안 정착하면서 겨우 자리를 잡아 가며 가꾸어 오던 시글락이라는 본거지가 아말렉의 공격을 받고 모두 불타 버리고 거기에 있었던 여인들과 자녀들이 모두 사로잡혀 가 버림으로 하루아침에 가족을 잃게 됩니다.

아말렉의 공격이 있기 전에, 아기스 왕이 이스라엘과 전쟁을 하려고 군대를 모으고 다윗과 600명도 함께 전쟁에 나가게 됩니다. 다윗과 그 따르는 사람들도 동족과의 전쟁에 투입되는 상황에서 블레셋 장관들의 반대로 시글락으로 되돌아오게 됩니다.

이로 인해 시글락을 비우게 되었고 싸움을 할 수 없는 여자들과 아이들만 남아 있었던 곳에 아말렉이 쳐들어와서 성읍을 불태우고 그곳에 있었던 모든 사람들을 사로잡아 갔습니다.

이 상황은 지금까지 다윗이 경험했던 모든 환란보다 더욱 극심한 형편이며 그를 따르던 600명들까지도 다윗을 돌로 치려고까지 한 지경이었습니다.

이 600명의 사람들은 아둘람굴에서 만난 400명과 그일라 전투 이후에 더해진 200명의 사람들이었습니다.

이들은 지금까지 다윗의 결정에 항상 힘을 실어 주던 사람들이었습니다.

아기스 왕이 이스라엘을 치러가는 곳에 함께 가자고 했을 때도 동족을 치러가는 줄 알면서도 전장에 함께 했던 사람들이었습니다.

그러나 자기들의 본거지로 돌아와 보니 성읍은 불탔고 가족들은 모두 사라져 버린 것을 보고 지금까지 생사고락을 함께한 모든 것을 던져 버리고 돌로 다윗을 치려는 지경까지 가게 된 것입니다.

다윗의 인생이 더 이상 추락할 곳이 없는 완전히 절망적인 상황에 내몰리게 된 것입니다.

성도는 이런 상황 앞에서 원망과 불평을 늘어놓을 수 있습니다.

또한 아말렉의 공격 앞에 속수무책으로 당할 수도 있습니다.

아말렉이 성도의 가정과 신앙의 여정에서 뒤쳐진 약자를 친 것은 하나님을 섬기는 자들을 낙심하게 하여 하나님을 섬기지 못하게 하기 위함입니다.

이 모든 것이 사단이 노리는 기회이며 아말렉은 지금도 삼킬 자를 찾아 맴돌고 있습니다.

돌로 치려는 이 다급한 상황에서 다윗은 하나님으로 힘입고 용기를 얻습니다. 그리고 하나님께 묻습니다.

> "다윗이 여호와께 묻자와 이르되 내가 이 군대를 추격하면 따라
> 잡겠나이까 하니 여호와께서 그에게 대답하시되 그를 쫓아가라
> 네가 반드시 따라잡고 도로 찾으리라"(삼상 30:8)

성도는 아말렉과의 전쟁에서 사울의 길과 다윗의 길 중에서 선택을 해야 합니다.

사울과 같이 아말렉의 진멸보다 내 체면과 탐욕을 채우기 위해 하나님의 말씀을 버리고 인간적인 방법을 택하느냐, 아니면 아말렉의 공격 앞에서 하나님을 의지하여 전심으로 기도와 말씀으로 전쟁을 치르는 다윗의 길을 택하느냐입니다.

하나님을 신뢰하고 그 말씀을 따랐던 다윗은 아말렉에게 빼앗겼던 모든 사람들과 소유도 되찾았을 뿐만 아니라 전리품까지 가지고 와서 전쟁에 참여하지 못했던 자들에게까지 나누는 승리가 있었습니다.

반면에 사울 왕은 진멸시키라고 하는 아말렉의 왕과 좋은 것들을 살려두었던 불순종으로 하나님에게서 버려지게 됩니다.

다윗이 아말렉을 대하여 하나님을 의뢰하고 기도하며 용기를 내어 싸웠던 것처럼 우리들을 공격하는 원수 앞에서 하나님을 바라보고 기도하며 용기를 내어서 승리의 길로 나가야 합니다.

가나안 땅의 전쟁에서
이길 힘의 원천

성도가 광야에서 먹는 음식에 대해서는 광야에서 읽었습니다. 광야에서 먹었던 식량은 밤에 이슬과 함께 하나님이 일방적으로 내려 주셔서 먹었던 만나였습니다.

이 양식은 절구에 찧고 맷돌에 갈고 가마솥에 삶거나 번철에 구워서 먹었는데 그 이유는 철저하게 옛사람이 하나님의 말씀으로 다루어져서 하나님의 나라가 되고 하나님의 뜻을 깨달은 자로 만들기 위함이었습니다.

광야에서 하나님의 뜻을 깨달은 자가 그 뜻을 이루어 드리기 위해서 가는 곳이 가나안이며, 요단에서 자아에 대하여 죽고 하나님의 아들인 그리스도가 되어 나왔습니다.

가나안 땅에서의 삶은 하나님의 뜻을 이루어 드리기 위하여 위로부터 날마다 공급되어지는 영적인 힘이 필요합니다.

사단이 가장 싫어하는 복음

그 힘을 공급받으려면 영의 양식을 먹어야 합니다. 왜냐하면 가나안 땅에서의 삶은 전쟁을 통해서만 하나님의 약속하셨던 모든 것을 얻을 수 있기 때문입니다.

가나안에서는 전투 식량이 필요하다는 것입니다. 그러나 이 식량은 쉽게 얻을 수 있는 것이 아닙니다.

사단이 감추어 버렸기 때문에 찾아야 하고 또 사단을 이겨야 먹을 수 있는 양식입니다.

1) 어떻게 하면 가나안 땅의 양식을 먹을 수 있을까?

전쟁을 위하여 먹는 양식은 수풀 속에 감추어져 있습니다.

"이 날에 이스라엘 백성들이 피곤하였으니 이는 사울이 백성에게 맹세시켜 경계하여 이르기를 저녁 곧 내가 내 원수에게 보복하는 때까지 아무 음식물이든지 먹는 사람은 저주를 받을지어다 하였음이라 그러므로 모든 백성이 음식물을 맛보지 못하고 그들이 다 수풀에 들어간즉 땅에 꿀이 있더라 백성이 수풀로 들어갈 때에 꿀이 흐르는 것을 보고도 그들이 맹세를 두려워하여 손을 그 입에 대는 자가 없었으나 요나단은 그의 아버지가 백성에게 맹세하여 명령할 때에 듣지 못하였으므로 손에 가진 지팡이 끝을 내밀어 벌집의 꿀을 찍고 그의 손을 돌려 입에 대매 눈이 밝아졌더라"(삼상 14:24-27)

이 이야기는 사울 왕이 이끄는 이스라엘과 블레셋이 믹마스에서 만나서 전쟁할 때 일어났던 일입니다.

전쟁에서 지친 이스라엘 병사들이 지친 몸을 이끌고 쉬러 들어갈 때 수풀 속에 있는 꿀을 발견하였으나 사울 왕의 금식령으로 그것을 먹지 못하였고, 사울 왕의 아들 요나단은 아버지의 금식령을 듣지 못하였기 때문에 그 꿀을 지팡이 끝으로 조금 찍어 먹었는데도 눈이 밝아졌습니다.

풀은 청초, 황초, 독초 세 가지가 있으며, 청초는 싱싱한 생명력이 있는 풀이고 황초는 생명력은 없지만 독도 없는 것이며, 독초는 말 그대로 먹으면 죽는 풀입니다.

은혜의 말씀에는 싱싱한 생명력이 있는 말씀이 있는가 하면, 먹어도 이미 생명력이 별로 없는 은혜가 되지 않는 말씀이 있고, 먹으면 죽는 사단이 만들어 낸 거짓복음이 있습니다.

이 은혜의 말씀을 먹는 신앙은 아직 어린아이 신앙으로서 방어 능력과 공격 능력이 없는 성장의 과정에서 먹는 식량입니다. 주로 어린아이들이 먹는 젖에 비유됩니다.

전쟁을 위하여 먹는 양식은 수풀 속에 감춰진 꿀로서 벌이 수만 킬로를 날아다니며 만들어 내는 진리의 말씀을 의미합니다.

꿀을 지팡이 끝으로 조금 찍어 입에 대니 눈이 밝아졌다는 말은 영적 세계에 대한 분별력과 영적 전쟁을 할 수 있는 힘이 생겼다는 뜻입니다.

사단이 가장 싫어하는 복음

수풀 속에 감추어져 흐르는 꿀은 은혜의 말씀 뒤에 감추어져 있는 진리의 말씀입니다.

꿀을 왜 진리의 말씀에 비유하는가 하면 벌들이 꿀을 만들어 내기 위하여 수만 킬로를 날며 수백만 송이의 꽃을 찾아다니면서 공격과 방어를 필수적으로 해야 하기 때문입니다.

진리의 말씀은 공격과 방어를 할 수 있는 전쟁을 위한 말씀이기 때문에 꿀에 비유한 것입니다.

진리의 말씀은 우리가 반드시 먹어야 하는 감추어진 만나임에도 불구하고 찾는 자도 먹는 자도 많지 않은 것이 현실입니다.

사울 왕의 병사들이 수풀 속에서 꿀을 발견했지만, 선뜻 먹을 수 없었던 것은 하나님의 마음과 계획과 소원이 담겨 있는 진리의 말씀을 아무나 먹으면 죽을까 해서 먹지 못하는 것을 보여 줍니다.

대부분의 사람들은 이 진리의 말씀을 먹으면 어떤 역사가 일어나게 되는지조차 모릅니다.

진리의 말씀을 먹게 되면 우리에게 베푸신 하나님의 구원과 능력을 깨닫고 하나님을 불같이 뜨겁게 사랑하게 되고 우리의 것을 도적질하고 죽이고 멸망시킨 사단을 알게 됩니다.

이로 인해 사단에 대한 적개심이 활화산처럼 타올라서 하나님의 뜻을 이루는 삶을 살게 됩니다.

진리의 말씀은 하나님의 아들이 된 자, 영적전쟁을 위해 군사 된 자들이 먹는 양식입니다.

진리의 말씀을 먹는 하나님의 아들 된 영적 군사가 전쟁을 위하여 반드시 숙지해야 할 사항이 있습니다.

① 내 소속은? 유일하시고 참 신이신 하나님께 속하였다.
② 내 적은? 거짓의 아비요 죄의 원흉이며 압제자 사단과 그 거
   짓 진리를 전하는 거짓 선지자들이다.
③ 내가 싸우는 이유? 하나님의 영광을 위하여 싸운다.
④ 전쟁을 통하여 탈환해야 하는 것은? 영혼을 사단의 압제에
   서 해방시키며, 하나님 나라를 회복시키는 것이다.

가짜 왕 사단은 피조물도 신이 될 수 있다고 거짓말을 하였습니다. 즉 선악과를 먹으면 눈이 밝아져서 하나님같이 된다고 하였는데 이 말은 인간도 신이 될 수 있다는 말입니다.

이 말에 대한 하나님의 대답은 나 외에 누구든지 스스로 신이 되려고 하면 반드시 죽고 나 외에는 다른 신이 없으며 피조물은 신이 될 수 없다고 하셨습니다. 신은 창조주 하나님 한 분밖에 없습니다.

거짓의 아비 사단은 인간이 신이 되려고 하나님께 도전을 해도 결코 죽지 않는다고 하여서 아담과 하와가 선악과를 따 먹고 범죄하여 하나님과 원수가 되게 하였습니다.

하나님은 선악을 알게 하는 나무의 실과를 너희가 먹는 날에는 반드시 죽으리라고 하셨습니다.

믿는 자라고 할지라도 사단의 거짓말에 속아서 하나님의 말씀을 버리고 범죄하게 되면 반드시 죽게 됩니다.

사단의 거짓말인 사망의 양식에 속아서 생명을 주시는 하나님의 말씀을 경홀히 여기면 천국으로 돌아가는 길은 화염검에 막혀서 갈 수 없게 됩니다.

수풀 속에 감추어진 꿀을 먹지 못하도록 금식령을 내린 사울 왕의 금식령은 오늘날 은혜의 말씀 속에 감추어진 진리의 말씀을 먹지 못하게 하는 사단의 거짓말입니다.

사단의 거짓말에 속아서 육적 신자가 되고, 땅에서 누리는 형통을 위해서 자신의 소원만 이루어지기를 바라며, 진리의 말씀으로 영의 사람이 되지 못한다면 그의 종착역은 지옥이 될 것입니다.

영의 사람이 되고 하나님의 아들로서 거듭남으로 영적전쟁을 치르는 장성한 자가 된다면 마지막 날에 칭찬과 상급이 주어질 것이며 영원한 나라, 본향으로 가게 될 것입니다.

요나단이 꿀을 조금 입에 넣고 눈이 밝아졌던 것처럼 진리의 말씀을 조금이라도 맛을 보면 영적인 분별력과 영적 전쟁에 대한 강력한 도전이 들어옵니다.

그래야만 싸워서 이길 수 있습니다. 그러므로 성도는 은혜 속에 감추어져 있는 진리를 기필코 발견하고 먹어야 합니다.

이스라엘 백성들이 블레셋과의 전쟁을 치르면서 피곤하여 지쳐버린 것은 사울 왕의 금식령 때문입니다.

이 말은 전쟁 중의 백성들이 더 많은 양식을 먹고 더 단단한 식물을 먹어서 지치고 피곤한 육신을 회복해야 하는데 왕이 금식령을 내렸으므로 먹지 못하고 전쟁할 힘을 잃어버렸다는 것입니다.

사울 왕은 사단의 모형입니다. 왜냐하면 이스라엘의 왕은 반드시 유다 지파에서만 나오게 되어 있습니다.

사울 왕은 물어뜯는 이리라고 하는 이름의 뜻을 가진 베냐민 지파에서 나왔습니다.

베냐민은 태어나면서 그 어미 라헬이 죽었습니다. 즉 태어나면서부터 어미를 물어뜯고 죽이면서 태어났다는 것입니다.

신약에 보면 세례요한이 세례를 받으러 나오는 백성들을 향하여 외쳤던 말 중에 독사의 자식들아 하는 말이 있습니다. 여기 나오는 독사라는 말은 태어나면서 어미를 뜯어먹고 나오는 살모사란 뜻입니다.

그 지파에서 나온 왕이 사울 왕입니다. 하나님은 사울 왕에게 기름 부으시고 예언도 하며 선지자들 무리 속에 있게도 하신 이유는 하나님을 거부하고 하나님에게 순종하기를 싫어하는 심판받을 자들을 분리시키기 위함입니다.

사단이 가장 싫어하는 복음

사울 왕은 정확하게 사단의 모형으로서 하나님이 왕 되심을 거부하는 자들을 위하여 세운 자입니다.

사단은 오늘날도 교회 안에 수많은 거짓 선지자들을 세우고 거짓 진리를 증거하게 함으로써 육적인 형통에 초점을 맞춘 신앙인들이 되게 하고 있습니다.

이유는 그 유혹에서 벗어나지 못하는 자들을 장차 불 속에 던지기 위하여 추수 전에 먼저 묶는 가라지와 같이 단으로 묶이게 한다는 것입니다.

성도는 강단에서 흘러나오는 말씀이 육의 형통이나 윤리 도덕 철학 등의 육을 위한 말씀인지 아니면 영혼을 살리기 위한 영의 양식의 말씀인지를 분별하고 먹어야 합니다.

말세 중에서도 끝자락에 와 있는 지금 이 시대는 사단의 금식령이 내려진 시대입니다. 즉 진리의 말씀을 듣는 것이 매우 어려운 시대라는 말입니다.

이 말은 성경을 통하여 풀어지는 말씀이 어린아이들이 먹는 은혜에 머물러서 장성한 자들이 먹는 깊은 비밀의 양식인 진리가 가려져 있다는 뜻입니다.

말씀의 깊은 세계 속으로 들어가지 못하도록 번영과 축복과 은혜로 덮어 버리고 이 땅에다 마음을 쏟게 하여 영적전쟁 자체를 하지 못하도록 하는 것을 합당하게 여기고 좀 더 잘살고 멋있게 사는 것에 초점이 맞추어져 있습니다.

이것이 곧 사울의 금식령을 따르는 것이요 그것이 멸망으로 가는 지름길입니다.

사단의 입장에서 보면 성도들이 진리를 깨닫고 사단과의 전쟁을 선포
하고 나가게 되면 자기들의 나라가 깨어지게 되는 것이 불을 보듯이 뻔
합니다.

성도는 사울의 금식령을 깨고 진리의 말씀을 먹는 자리로 나와서 하
나님께서 우리를 이 땅에 보내시고 구원하시고 성령을 주시며 직임을
주신 목적을 깨닫고 그 말씀에 따라 살아가야 합니다.

마치 수풀 속에 흐르는 꿀을 먹은 요나단처럼 감추어진 진리의 말씀
을 먹고 강하고 담대하게 일어나는 영적 전쟁을 위한 준비된 군사가 되
어야 한다는 것입니다.

2) 누가 수풀 속에 감추어진 꿀을 먹을 수 있는가?

"제자들이 예수께 나아와 이르되 어찌하여 그들에게 비유로 말
씀하시나이까 대답하여 이르시되 천국의 비밀을 아는 것이 너희
에게는 허락되었으나 그들에게는 아니되었나니"(마 13:10-11)

수풀 속에 감추어진 꿀을 찾아서 먹는 자는 돕는 천사를 부리는 권능
을 가진 손에 지팡이를 든 제자들입니다.

참된 예수 그리스도의 제자들만이 진리의 말씀인 수풀 속에 감추어진
꿀을 먹을 수 있습니다.

　　　　　　　사단이 가장 싫어하는 복음

백성들은 수풀 속에 감추어진 꿀을 발견하기는 했지만, 사울의 금식령이 두려워서 먹지 못했습니다.

제자란 사역 면에서 하나님의 아들과 동등 된 자로서 자기의 의지를 버리고 자기의 길을 버리고 자기 십자가를 지고 주님을 따르는 자들입니다.

제자와 하나님의 아들은 그리스도의 삶을 사는 자로서 사울의 금식령을 뛰어넘어서 진리의 말씀과 진리의 성령으로 무장하고 주님의 목적을 나의 목적으로 삼고 주님이 허락하신 십자가의 쓴잔을 마시며 주님을 따르는 자들입니다.

이런 주님의 제자 된 자들이 수풀 속에 감춰진 진리의 말씀을 발견하여 먹을 수 있다는 것입니다.

진리의 말씀을 먹고 전쟁을 위하여 준비된 자들이 거짓의 아비인 사단의 거짓 진리를 드러냄으로 하나님께서 세우신 선지자의 사명을 감당하게 되며, 진리의 말씀을 먹은 자들이 일어나서 죄의 원흉 사단이 만들어 놓은 죄의 틀 속에 갇힌 자들을 위하여 회개를 촉구하는 복음을 전하여, 영혼들로 하여금 하나님께로 돌아오게 하는 제사장권을 감당할 수 있는 자들입니다.

진리의 말씀을 먹고 예수 그리스도의 제자 된 자들이 이 땅과 영혼들에게 불법 점유한 사단의 머리를 깨뜨리고 정복함으로 왕권을 회복하여서 하나님의 통치가 온 세상에 이루어지도록 하나님 나라를 세우는 하늘군대의 사명을 감당할 수 있는 것입니다.

⊷ 가나안 땅에서의 기도 ⊰

살아 계신 하나님 아버지, 감사를 드립니다.
저를 젖과 꿀이 흐르는 땅 가나안까지 인도하시고 임마누엘 해 주심을 진심
으로 감사를 드립니다.

저를 통하여서 진멸하기를 원하시는 원수가 있는 이 땅에서 오직 군대장관
되시는 주님의 인도하심을 받으며 주님의 뒤를 따르기를 원합니다.

부귀영화로써 사람들의 영혼을 미혹하는 바알의 머리를 깨뜨릴 수 있도록
위로부터 약속하신 성령의 능력과 권능을 풀어 주시옵소서.

거짓 진리로서 강단을 흐려놓고 쑥물을 먹이며 사람들의 영혼을 세속화시
키는 거짓 영들을 밟을 수 있도록 일곱 눈의 통찰력과 일곱 뿔의 권세를 주
시옵소서.

성도들의 삶의 연약한 약점을 노리며 이 세상에서 지옥과 같은 삶을 살게
하는 아말렉을 깨뜨릴 수 있는 깨어 있는 파수꾼의 영성을 주시옵소서.

전쟁은 여호와께 속하였음을 선포하며 다시 오실 나사렛 예수 그리스도의
이름으로 기도드립니다.

아멘

인생을 살아가면서 잘못된 선택으로 인해 평생 후회하고 살아가는 경우를 봅니다. "그때 그 상황에서 누군가 바른길을 알려 주었더라면 옳은 선택을 하였을 텐데, 그 길로만 가지 않았더라면 지금 같은 지경에 처하지 않았을 텐데" 하는 후회가 다 있을 겁니다.

만약 후회하는 일이 우리의 신앙이라면 우리의 마지막이 얼마나 처참할 것인가를 생각해야 합니다.

문제는 지금 이 시대는 바른 신앙을 지키는 것이 어렵다는 것입니다.

이 시대는 돈이 인격이고 돈이 능력이고 돈이 그 사람을 대변하는 시대입니다.

아모스 선지자가 활동했던 북이스라엘과 하박국 선지자가 활동했던 남유다와 같이 물질의 홍수 가운데 죄가 죄처럼 느껴지지 않는 시대와 같습니다.

이 어두움의 시대에도 우리의 신앙생활은 단 한 번밖에 없습니다.

애굽, 홍해, 광야, 요단, 가나안으로 가는 순서 가운데 그 과정을 건너뛰는 경우도 있습니다. 그러나 대부분은 이 과정, 과정 가운데 하나님의 인도를 받아야 합니다.

모든 과정이 중요하지만 대부분의 성도님들은 광야의 과정이 필수입니다.

광야의 과정 가운데 훈련되지 못한다면 세상의 염려와 재물과 향락에 빠져 육신의 정욕과 안목의 정욕과 이생의 자랑으로 세상을 사랑하며 살게 됩니다.

이것은 우리가 태어날 때부터 세상을 사랑하는 죄성이 강하기 때문입니다.

신앙의 과정 가운데 믿음을 지키는 길은 좁은 길이며 생명으로 인도하는 길은 협착하여 찾는 이가 적은 길입니다.

이 길은 고난과 환난과 핍박의 과정으로 그 과정 가운데 우리를 사랑하신 하나님의 사랑을 조금이나마 깨달을 수 있는 길입니다.

고난이 필수입니까? 필수입니다.

환난이 필수입니까? 필수입니다.

그렇게 하지 않으면 우리는 변화되지 않습니다.

예수님과 함께 살며 예수님을 위해 살아가는 신앙생활을 통해 모두 다 하나님 나라에 들어가시기 바랍니다.

예수님 이름으로 사랑합니다.

사단이
가장 싫어하는 복 음

ⓒ 송철임, 2022

초판 1쇄 발행 2022년 1월 14일

지은이   송철임
펴낸이   이기봉
편집   좋은땅 편집팀
펴낸곳   도서출판 좋은땅
주소   서울특별시 마포구 양화로12길 26 지월드빌딩 (서교동 395-7)
전화   02)374-8616~7
팩스   02)374-8614
이메일   gworldbook@naver.com
홈페이지 www.g-world.co.kr

ISBN   979-11-388-0581-0 (03230)